W0473071

Les droits des femmes face aux violences

Les droits d'auteure de ce livre
sont reversés au 3919.

Enfin permettre aux femmes
de faire valoir tous leurs droits
pour ne rien laisser passer.

Les droits des femmes face aux violences

Marlène Schiappa

DALLOZ

collection
À savoir

créée par
Évelyne Pisier
et Olivier Duhamel

sous la direction
d'Olivier Duhamel
et Laurent Bigorgne

© Éditions Dalloz, 2021
ISBN 978-2-247-20069-6

« Savoir, c'est pouvoir ».

À mes filles.

Sommaire

Connaître ses droits pour les faire valoir !

L'expression « les droits des femmes » est entrée dans le langage courant. Pourtant, lorsqu'on parle de droits des femmes face aux violences, sait-on précisément à quels droits on fait référence ? Et comment les faire appliquer s'ils sont aussi méconnus ?

Au regard de l'histoire de l'humanité, l'histoire des droits des femmes en France est récente. À l'échelle d'une vie, nous avons pu obtenir pêle-mêle le droit de travailler et de disposer d'un chéquier sans autorisation d'un mari, de voter, de choisir notre contraception, de donner notre nom à notre époux, d'épouser une femme, de divorcer librement et de maîtriser notre contraception, d'avorter, d'accéder à la procréation médicalement assistée (PMA).

Mais en matière de protection des femmes face aux violences, l'histoire de nos droits est encore plus récente. Parce que longtemps, la femme était supposée appartenir à son père, à son mari, son corps réputé être un bien public ou tout comme. Les lois qui posent des interdits en la matière sont récentes. Et ne suffisent pas : d'autres lois, qui créent des dispositifs de protection, les complètent. Là aussi, cela se joue à l'échelle d'une vie : de la criminalisation du viol à l'éviction du conjoint violent du domicile, ces dispositions sont relativement récentes.

Les dernières années ont vu de nombreuses avancées enrichir ces droits des femmes face aux violences sexuelles et sexistes. Le 25 novembre 2017, à l'Élysée, le président de la République Emmanuel Macron proclamait l'égalité femmes-hommes grande cause nationale de son quinquennat. Dans le sillage du mouvement Me Too, puis avec l'organisation du Grenelle des violences conjugales, pas moins de trois lois et des centaines de mesures publiques sont venues renforcer depuis 2017 les dispositions déjà en vigueur[1].

1. Ce qui fait dire à certains que la loi évolue si vite qu'à peine l'une promulguée, la suivante arrive. C'est le cas par exemple pour l'allongement des délais de prescription pour les crimes sexuels sur mineurs, revus en 2016 puis en 2018, ou pour la protection des femmes face aux violences conjugales qui ont fait l'objet de lois en 2019 puis en 2020. On ne peut que s'en réjouir.

Longtemps passée sous silence, longtemps réservée aux sphères militantes ou à la presse spécialisée, la question de la protection des femmes face aux violences sexuelles et sexistes s'est imposée sur le devant de la scène. Réseaux sociaux, discours politiques, manifestations dans la rue, collages sur les murs, nouvelles formes d'associations, émissions de radio, les droits des femmes prennent de l'ampleur.

La France s'est dotée ces dernières années d'un arsenal législatif très complet permettant de mieux protéger les femmes face aux violences sexistes et sexuelles.

Pourtant, l'immense majorité des droits des femmes restent ignorés.

Or, lorsque l'on ignore un droit, comment le défendre ? Comment le faire valoir ? Combien sont démunies les femmes victimes de violences sexuelles et sexistes demandant : Que puis-je faire ? Qui aller voir ? À quoi ai-je droit ?

De la verbalisation du harcèlement de rue à la saisie des armes du conjoint violent, de l'allongement des délais de prescription pour viols sur mineurs aux bracelets d'éloignement des hommes violents, de la levée du secret médical pour les médecins de femmes victimes de violences à la pénalisation du cyber-harcèlement en meute, de la création de l'agissement sexiste au travail à la multiplication des ordonnances de protection, les textes de loi ont profondément évolué.

De nouveaux dispositifs de signalements, applications, signalement des violences conjugales dans les centres commerciaux, numéros de téléphone ou plateformes de dialogue avec des policiers ont été créés par les pouvoirs publics et les associations.

Dans le sillage de #metoo et suite au Grenelle des violences conjugales, la société tout entière se mobilise désormais pour sauver les vies de « Ne Rien Laisser Passer ». Pour aider les témoins, pour outiller les professionnel/les, pour soutenir les femmes, ce petit livre vous permettra de diffuser massivement les droits que chaque victime de violences sexuelles ou sexistes peut légitimement faire valoir.

Chaque chapitre de ce livre répertorie méthodiquement les articles de lois contre les violences sexistes et sexuelles, mais fait aussi appel à des associations féministes, des professionnels du droit des femmes, de la justice — avocats, procureur… — ou des forces de l'ordre — directeur de la police nationale, directeur de la gendarmerie nationale… —, pour maîtriser l'ensemble des outils et les mettre à disposition des lecteurs et lectrices. Code des transports, code du travail, code pénal, jurisprudences, règlements, nombreux sont les textes qui protègent les femmes sans qu'on ne le sache toujours.

Qu'il s'agisse du harcèlement sexuel dans la rue, des violences conjugales à la maison ou des violences sexistes au travail, ce livre permettra à toutes les femmes de connaître et faire valoir leurs droits pour se défendre et se protéger.

Parce que si des droits existent mais que les femmes ne s'en saisissent pas, c'est comme si elles n'en avaient aucun !

Parce qu'il est insupportable que des femmes subissent des violences sans être en mesure de connaître leurs droits. Et parce que savoir, c'est pouvoir.

Appelez le 3919 !

L'association qui gère le numéro d'écoute et d'accompagnement est le 3919, la Fédération nationale Solidarité Femmes. Au bout du fil, des écoutantes professionnelles permettent aux femmes victimes de tous types de violences d'être entendues, écoutées, orientées vers les dispositifs de prises en charge et informées sur leurs droits.

Le 3919 existe depuis des années. Mais il a été renforcé récemment, notamment dans la connaissance que le public en a. Avant le Grenelle des violences conjugales, environ 8 à 9 % de la population française connaît ce numéro de téléphone. Après le Grenelle des violences conjugales, c'est 64 % de la population qui le connaît. Cela signifie qu'avant, une femme devait parler à plus de dix personnes avant de se voir conseiller ce numéro, tandis que désormais la majorité de ses interlocuteurs est en mesure de partager ce numéro de téléphone, parce que nous avons lancé le Grenelle des violences conjugales le 3/9/19 via une vaste campagne média et réseaux sociaux. Le numéro d'écoute des femmes a été sans cesse renforcé année après année, ses horaires progressivement étendus pour répondre aux flux d'appels. À l'occasion d'une visite dans ses locaux, le président Emmanuel Macron a annoncé sa volonté de voir le numéro ouvrir 24 heures sur 24 et 7 jours sur 7.

Toutes les infos sur les droits des femmes à appeler le 3919, avec Françoise Brié, directrice générale de la Fédération nationale Solidarité Femmes (FNSF).

Quel est l'objet du numéro 3919 et quelle est son histoire ?

F.B. : Le « 3919 — Violences Femmes Info », a un rôle essentiel dans le parcours des femmes, pour leur permettre dans l'anonymat et la confidentialité de mettre des mots sur les violences qu'elles subissent, d'exprimer sans réserve, sans être jugées, leurs peurs, y compris pour leurs enfants, et toutes leurs interrogations. Elles y décryptent la stratégie de leur agresseur, le système de domination, d'isolement dans lequel elles pensent être définitivement enfermées. Elles vont y trouver une écoute attentive, des conseils individualisés en fonction de chaque situation et des clés pour sortir des violences selon leurs possibilités, leurs choix et leurs histoires. Au moment où elles se décident à parler, elles s'y sentent comprises et peuvent commencer à cheminer vers un changement de vie. Elles y recevront aussi des informations sur les démarches à réaliser y compris juridiques, puis seront orientées vers des ressources existantes près de leur domicile.

En novembre 1989, grâce à la mobilisation de la Fédération nationale Solidarité Femmes (FNSF) et des associations féministes, se déroule la première campagne télévisuelle sur les violences conjugales. Une permanence d'écoute téléphonique de trois semaines 24/24 est ouverte et des milliers d'appels se présentent démontrant la nécessité d'une ligne nationale.

En juin 1992, compte tenu des plaidoyers et de l'expérience des associations Solidarité Femmes dans le suivi des femmes victimes de violences conjugales, des financements sont alloués à la FNSF pour l'ouverture de la ligne d'écoute Violences conjugales Femmes Infos.

En 2007, le numéro à dix chiffres sur les violences conjugales fait place à un numéro court facilement mémorisable le « 3919 Violences Conjugales Info », gratuit pour les appelantes, y compris depuis les mobiles. En 2014, le 3919 devient le numéro d'entrée pour toutes les formes de violences à l'encontre des femmes en partenariat avec le réseau Solidarité Femmes mais aussi les associations féministes comme la Fédération nationale des centres d'information sur les droits des femmes et des familles (FNCIDFF), le Collectif féministe contre le viol, Femmes solidaires, l'Association contre les violences faites aux femmes au travail, le Groupe pour l'abolition des mutilations sexuelles (GAMS), Voix de femmes, Femmes pour le Dire Femmes pour Agir, le Mouvement français pour le Planning familial, le Mouvement du Nid et l'Amicale du Nid. D'autres partenaires sont aussi sollicités pour des orientations comme le 119 ou les associations généralistes d'aide aux victimes.

Le 3919 est un numéro d'écoute et non d'urgence ; dans une situation de danger, le 17, le 18 ou le 15 sont à solliciter en premier.

Avez-vous des antennes partout en France ?

Au milieu des années soixante-dix, les associations Solidarité Femmes ouvrent les premiers centres d'accueil et d'hébergement pour femmes victimes de violences conjugales. Elles se regroupent vers la fin des années soixante-dix et créent en 1987 l'actuelle Fédération nationale Solidarité Femmes. Aujourd'hui soixante-treize associations sont présentes en France, Outre-Mer comprise. Leurs centres spécialisés et spécifiquement destinés aux femmes victimes proposent un suivi psychologique, social, juridique, un soutien à la parentalité et pour leurs enfants mais aussi un parcours vers l'autonomie et l'émancipation. La sortie de la violence, la reconstruction, s'appuient sur une réflexion approfondie sur les droits des femmes, sur les stéréotypes sexistes et sur l'égalité femmes-hommes. Le 3919 est adossé à toutes ces associations membres de son réseau pour orienter les femmes mais aussi sur une base de données de centaines d'adresses pour être au plus près des demandes des victimes. Il est aussi soutenu par une équipe au siège de la FNSF, sollicitée si nécessaire en particulier sur le plan juridique et qui s'est construite pour être en appui à la plateforme d'écoute. La formation et la prévention des violences sexistes auprès des jeunes sont aussi des actions menées par Solidarité Femmes.

Qui répond au téléphone quand les femmes appellent ?

Une équipe pluridisciplinaire composée de professionnelles du secteur sanitaire et social, assistantes sociales, éducatrices, juristes, psychologues, conseillères conjugales sont présentes tous les jours du lundi au vendredi de 9 heures à 22 heures et les week-ends et jours fériés de 9 heures à 18 heures. Toutes sont formées aux violences faites aux femmes, en particulier conjugales, et participent aux formations organisées au sein du réseau Solidarité Femmes. Elles ont l'expérience individuelle et collective des réponses à apporter aux femmes.

Le 3919 n'est pas repérable, ni indiqué sur les factures et doit simplement être effacé du journal d'appels. Les écoutantes répondent dans l'anonymat qui est aussi respecté pour les femmes qui appellent : il n'y aura pas de trace de l'appel, ni de relevé du nom de la personne, sauf exceptionnellement et avec son accord.

Dans quels cas téléphoner au 3919 ?

Les femmes peuvent appeler, dès les premiers actes de violences, qu'elles soient verbales (insultes, dénigrement), psychologiques, physiques, sexuelles, économiques (confiscation des ressources, interdiction de travailler par exemple), administratives (vol des papiers). Elles peuvent aussi solliciter l'équipe pour des violences en ligne (sur les réseaux sociaux) mais aussi si elles se sentent surveillées, isolées. La peur, la crainte pour les enfants, l'idée de la séparation, des violences graves amènent également les femmes à contacter le 3919. Certaines le font lorsqu'elles ne savent pas ou plus comment faire pour sortir de la violence du fait du contrôle permanent de l'agresseur, de leur situation économique, de l'absence de logement. Pour beaucoup de femmes, c'est la première démarche qui leur permet de mettre des mots sur les actes de violence de leur conjoint ou ex-conjoint. Pour d'autres, elles ont déjà entamé des démarches de séparation, mais leur agresseur continue à les harceler. Chaque situation est différente, il peut s'agir d'un appel au début d'une relation ou après des années de violences. Les femmes victimes de violences autres que conjugales, peuvent aussi appeler : il s'agit de violences sexuelles, de mariages forcés, de harcèlement sexuel au travail, de mutilations sexuelles féminines, le 3919 les orientera vers les associations spécialisées partenaires.

Je suis témoin de violences conjugales, puis-je vous appeler ?

Les proches, la famille, les voisines et voisins, toute personne témoin de violences peut solliciter l'équipe du 3919 pour des conseils, des informations et pour amener une victime à solliciter elle-même de l'aide. Les interventions des témoins et leur mobilisation sont nécessaires mais doivent être adaptées pour ne pas poser de difficultés à la victime. Le respect de son choix, de son autonomie et de ses décisions est important, sauf en cas de danger immédiat, avec un appel au 17 par exemple.

Comment se fait le lien entre le 3919 et le dépôt de plainte auprès de la police ?

La violence est un délit et la justice doit être saisie pour les faire cesser et pour que l'auteur des violences ne reste pas dans l'impunité. Les écoutantes donnent les informations nécessaires au dépôt de plainte en prenant en compte chaque situation. Par exemple, il peut être nécessaire de prévoir une mise en sécurité en centre d'hébergement pour femmes victimes avant la plainte. Certaines femmes ne sont pas prêtes mais recevront les conseils pour une démarche ultérieure. Il est souvent important de préparer le dépôt de plainte : l'équipe du 3919 en explique le déroulé puis oriente la victime soit vers les associations locales, qui peuvent les accompagner physiquement dans les commissariats ou gendarmerie, soit directement vers les forces de l'ordre, soit via la plateforme de signalement en ligne.

Est-ce que le 3919 sera bientôt accessible 24 heures sur 24 et 7 jours sur 7 ?

Depuis la création de la ligne d'écoute nationale en 1992, les heures d'ouverture s'étendent au fur et à mesure avec des demandes de la FNSF pour une ouverture 24/24 et des expérimentations jusqu'à minuit. En 2019, le rapport d'évaluation sur la France de la Convention du Conseil de l'Europe sur la prévention et la lutte contre la violence à l'égard des femmes et la violence domestique recommande aussi d'assurer la permanence d'écoute du 3919 24 heures sur 24. L'ampleur des violences sexistes, et en particulier les violences conjugales, nécessite en effet des réponses en continu. Celles apportées par le 3919 Violences Femmes Info, avec une équipe professionnelle expérimentée disponible la nuit, pour un soutien aux femmes, aux proches, assurera une étape supplémentaire vers la sortie de la violence et pour la reconstruction des femmes.

1) Les droits des femmes face au harcèlement dans l'espace public

Les femmes ont, comme les hommes, le droit d'aller et venir en toute liberté, dans la tenue vestimentaire de leur choix, à l'heure de leur choix, seules ou accompagnées. Pourtant de nombreuses femmes subissent des injures, des menaces ou du harcèlement sexuel ou sexiste dans l'espace public : dans la rue, dans les transports, dans l'espace public numérique que sont les réseaux sociaux.

Cela a des conséquences importantes sur leur sentiment de sécurité, un impact tangible sur leurs conditions de vie qui peuvent en être altérées — anxiété, stress, évitement, annulations de sorties, changement de trajet professionnel, etc. Harceler les femmes dans l'espace public, c'est leur adresser le message suivant, souvent inconsciemment : vous n'êtes pas légitimes pour occuper cet espace, vous êtes sous le contrôle social des hommes ou du groupe, votre corps appartient à tout le monde, c'est un bien public.

De l'injure au harcèlement, ces violences de rue se produisent quotidiennement malgré les lois constamment renforcées. Le harcèlement de rue n'est pas un viol, mais il constitue la base du continuum des violences sexuelles et sexistes.

Il n'est pas permis d'injurier les femmes parce qu'elles sont des femmes. Ces injures sont punies par la loi.

Loi du 29 juillet 1881 sur la liberté de la presse, art. 33

Sera punie des peines prévues à l'alinéa précédent — six mois d'emprisonnement et 22500 euros d'amende — l'injure commise envers une personne ou un groupe de personnes à raison de leur sexe, de leur orientation ou identité sexuelle ou de leur handicap.

Depuis des générations et malgré ces interdictions, les femmes subissent des phénomènes dits de harcèlement de rue. Il entrave la liberté des femmes d'aller et de venir. Il a des conséquences réelles et graves sur la manière dont les femmes organisent leurs trajets, leurs journées. Un homme qui se rend à un examen pense à son examen sur le trajet. Une femme qui se rend à un examen pense à son trajet et aux stratégies d'évitement qu'il lui faudra mettre en place pour échapper à d'éventuels phénomènes de harcèlement de rue.

C'est pourquoi la loi de 3 août 2018 contre les violences sexuelles et sexistes, dite « loi Schiappa », pénalise le harcèlement de rue et en crée la verbalisation.

Verbalisation du harcèlement de rue : le délit d'outrage sexiste

L'outrage sexiste est l'appellation juridique du harcèlement de rue. Le terme de harcèlement induit une répétition. On parle de harcèlement de rue car la répétition est caractérisée par les interventions répétées y compris par des personnes différentes.

Pour le code pénal, nous avons donc, via la loi Schiappa du 3 août 2018 contre les violences sexuelles et sexistes, défini ce phénomène comme un outrage sexiste, permettant une verbalisation immédiate. La France est le premier et à ce jour le seul pays du monde à verbaliser le harcèlement de rue.

Code pénal, art. 621-1

I. – Constitue un outrage sexiste le fait, hors les cas prévus aux articles 222-13, 222-32, 222-33 et 222-33-2-2, d'imposer à une personne tout propos ou comportement à connotation sexuelle ou sexiste qui soit porte atteinte à sa dignité en raison de son caractère dégradant ou humiliant, soit créé à son encontre une situation intimidante, hostile ou offensante.

II. – L'outrage sexiste est puni de l'amende prévue pour les contraventions de la 4e classe. Cette contravention peut faire l'objet des dispositions du code de procédure pénale relatives à l'amende forfaitaire, y compris celles concernant l'amende forfaitaire minorée.

III. – L'outrage sexiste est puni de l'amende prévue pour les contraventions de la 5e classe lorsqu'il est commis :

1° Par une personne qui abuse de l'autorité que lui confèrent ses fonctions ;

2° Sur un mineur de quinze ans ;

3° Sur une personne dont la particulière vulnérabilité, due à son âge, à une maladie, à une infirmité, à une déficience physique ou psychique ou à un état de grossesse, est apparente ou connue de son auteur ;

4° Sur une personne dont la particulière vulnérabilité ou dépendance résultant de la précarité de sa situation économique ou sociale est apparente ou connue de son auteur ;

5° Par plusieurs personnes agissant en qualité d'auteur ou de complice ;

6° Dans un véhicule affecté au transport collectif de voyageurs ou dans un lieu destiné à l'accès à un moyen de transport collectif de voyageurs ;

7° En raison de l'orientation sexuelle, vraie ou supposée, de la victime.

La récidive de la contravention prévue au présent III est réprimée conformément au premier alinéa de l'article 132-11.

IV. – Les personnes coupables des contraventions prévues aux II et III du présent article encourent également les peines complémentaires suivantes :

1° La peine de stage prévue aux 1°, 4°, 5° ou 7° de l'article 131-5-1 ;

2° Dans le cas prévu au III, un travail d'intérêt général pour une durée de vingt à cent vingt heures.

➤ La contravention peut aller d'un montant de 90 euros à une amende de 750 euros ; lorsque la peine est aggravée, le montant est porté à 1 500 euros.

L'outrage sexiste est considéré comme aggravé lorsqu'il est commis :

– par une personne qui abuse de l'autorité que lui confèrent ses fonctions,

– ou sur un mineur de moins de 15 ans,

– ou sur une personne dont la particulière vulnérabilité, due à son âge, à une maladie, à une infirmité, à une déficience physique ou psychique ou à un état de grossesse, est apparente ou connue de son auteur,

– ou sur une personne dont la particulière vulnérabilité ou dépendance résultant de la précarité de sa situation économique ou sociale est apparente ou connue de son auteur,

– ou par plusieurs personnes agissant en qualité d'auteur ou de complice,

– ou dans un véhicule affecté au transport collectif de voyageurs ou dans un lieu destiné à l'accès à un moyen de transport collectif de voyageurs,

– ou en raison de l'orientation sexuelle, vraie ou supposée, de la victime.

Des peines complémentaires sont prévues par la loi, elles sont alors prononcées par le juge :

– obligation d'accomplir, le cas échéant à leurs frais, un stage de lutte contre le sexisme et de sensibilisation à l'égalité entre les femmes et les hommes ;

– obligation d'accomplir, le cas échéant à leurs frais, un stage de citoyenneté ;

– obligation d'accomplir, le cas échéant à leurs frais, un stage de sensibilisation à la lutte contre l'achat d'actes sexuels ;

– obligation d'accomplir, le cas échéant à leurs frais, un stage de responsabilisation pour la prévention et la lutte contre les violences au sein du couple et les violences sexistes ;

– un travail d'intérêt général pour une durée de 20 à 120 heures.

En dehors de la verbalisation, l'outrage sexiste peut aussi être condamné devant la justice lors d'un procès, comme par exemple pour harcèlement sexuel ou pour agression. Une condamnation a eu lieu dès la promulgation de la loi, à Évry, pour une condamnation qui fait jurisprudence comme le raconte le journal *Le Parisien* : « Face à ce comportement, le chauffeur du bus décide de stopper et de laisser ses portes fermées en attendant la police. L'homme s'en prend alors au conducteur, mais il est finalement interpellé par les fonctionnaires quelques instants plus tard. Présenté en comparution immédiate, cet homme a été condamné pour l'outrage sexiste, mais aussi à neuf mois de prison, dont six avec sursis pour la fessée et les violences sur le chauffeur. Un sursis d'une précédente peine a été révoqué à hauteur de trois mois. Le trentenaire devra donc effectuer six mois derrière les barreaux. Une peine qu'il purge depuis vendredi soir puisqu'un mandat de dépôt a été ordonné par le juge. Il sera aussi inscrit sur le fichier des personnes délinquantes sexuelles (Fijais). »

▸ Plus de 1 850 verbalisations ont déjà été réalisées par les forces de l'ordre. C'est un chiffre énorme compte-tenu du fait que les commentateurs disaient au moment du vote de la loi « ça ne marchera jamais, il n'y aura pas une contravention ». 1 719 de plus, c'est encourageant, et doit être amplifié.

Qui appeler à l'aide dans les transports ?

Un policier ou un gendarme ne se trouvent pas derrière chaque phénomène de harcèlement de rue en flagrant délit. Dans les transports, il est possible d'appeler à l'aide. La RATP, la SNCF, la région Île-de-France et Île-de-France Mobilités ont créé des numéros de signalements : 3117 par téléphone, 31177 par SMS, et sur l'application 3117.

En outre, les bornes d'urgence placées sur les quais de trains peuvent être utilisées pour appeler à l'aide.

Selon la RATP, « 50000 caméras installées dans les stations et gares, sur les quais, dans les couloirs et dans les matériels roulants. Les images de ces caméras peuvent être exploitées lorsqu'une plainte est déposée auprès de la préfecture de police. »

Il est toujours possible d'appeler la police ou la gendarmerie.

Comment bénéficier de l'arrêt de bus à la demande ?

Dans de nombreuses villes de France, l'arrêt des bus à la demande, entre deux arrêts prévus, est expérimenté. Il permet de quitter un bus où l'on ne se sent pas en sécurité et permet surtout d'être déposée plus près de chez soi la nuit. C'est le cas à Strasbourg, Nantes, Bordeaux, et dans une douzaine de villes d'Île-de-France. La loi pour les mobilités du 24 décembre 2019 a permis d'entériner cette mesure dans le code des transports. La généralisation à toutes les lignes de bus est prévue d'ici 2022.

Code des transports, art. L. 3115-3-1

En période nocturne, les arrêts peuvent être effectués par les autobus en tout point de la ligne régulière à la demande des usagers qui souhaitent descendre de ces autobus, dans le respect des règles de circulation.

Lorsque le service est assuré autrement qu'en régie, la convention mentionnée à l'article L. 1221-3 précise les modalités de mise en œuvre de la possibilité ouverte par le premier alinéa du présent article.

Cyber-harcèlement sexiste

Le cyber-harcèlement sexiste procède des mêmes phénomènes que le harcèlement dans les espaces publics physiques : montrer aux femmes qu'elles n'ont pas voix au chapitre, les silencier, les faire taire ou disparaître, les minimiser. Cela procède de l'idéologie misogyne.

➢ Pour mémoire, le harcèlement (moral ou sexuel) se caractérise lorsque ces propos ou comportements sont imposés à une même victime par plusieurs personnes, de manière concertée ou à l'instigation de l'une d'elles, alors même que chacune de ces personnes n'a pas agi de façon répétée / lorsque ces propos ou comportements sont imposés à une même victime, successivement, par plusieurs personnes qui, même en l'absence de concertation, savent que ces propos ou comportements caractérisent une répétition.

C'est ce qui se passe lors du cyberharcèlement en meute, ou « raids numériques » de personnes qui s'acharnent via les réseaux sociaux sur une même personne — situation souvent subie par les femmes. La loi a donc été renforcée via la loi Schiappa du 3 août 2018 en précisant que cela se produit également via des supports informatiques ou numériques.

Code pénal, art. 222-33-2-2

Le fait de harceler une personne par des propos ou comportements répétés ayant pour objet ou pour effet une dégradation de ses conditions de vie se traduisant par une altération de sa santé physique ou mentale est puni d'un an d'emprisonnement et de 15000 euros d'amende lorsque ces faits ont causé une incapacité totale de travail inférieure ou égale à huit jours ou n'ont entraîné aucune incapacité de travail.

L'infraction est également constituée :

a) Lorsque ces propos ou comportements sont imposés à une même victime par plusieurs personnes, de manière concertée ou à l'instigation de l'une d'elles, alors même que chacune de ces personnes n'a pas agi de façon répétée ;

b) Lorsque ces propos ou comportements sont imposés à une même victime, successivement, par plusieurs personnes qui, même en l'absence de concertation, savent que ces propos ou comportements caractérisent une répétition.

Les faits mentionnés aux premier à quatrième alinéas sont punis de deux ans d'emprisonnement et de 30000 euros d'amende :

1° Lorsqu'ils ont causé une incapacité totale de travail supérieure à huit jours ;

2° Lorsqu'ils ont été commis sur un mineur de quinze ans ;

3° Lorsqu'ils ont été commis sur une personne dont la particulière vulnérabilité, due à son âge, à une maladie, à une infirmité, à une déficience physique ou psychique ou à un état de grossesse, est apparente ou connue de leur auteur ;

4° Lorsqu'ils ont été commis par l'utilisation d'un service de communication au public en ligne ou par le biais d'un support numérique ou électronique ;

5° Lorsqu'un mineur était présent et y a assisté.

Les faits mentionnés aux premier à quatrième alinéas sont punis de trois ans d'emprisonnement et de 45000 euros d'amende lorsqu'ils sont commis dans deux des circonstances mentionnées aux 1° à 5°.

Questions sur le cyber-harcèlement à Éric Morain, avocat

Est-ce utile de faire valoir ses droits face au harcèlement sexiste en ligne ?

La décision de porter plainte quand on est victime de cyber-harcèlement obéit aux mêmes craintes que lorsqu'on est victime de n'importe quelle autre infraction : Est-ce que l'on va me croire ? Est-ce que je vais arriver à m'exprimer ? Est-ce que c'est si important ? Est-ce que je ne devrais pas passer à autre chose ? Ai-je assez de preuves ?

Toutefois, à ces craintes légitimes et habituelles qui ne doivent pas être des obstacles insurmontables, vient s'ajouter une difficulté supplémentaire liée au caractère « virtuel » de ces infractions. Tout se passe au travers d'un écran, qu'il soit d'ordinateur ou de smartphone, et il faut parvenir à expliquer en quoi ce sont des violences qui affectent la vie réelle.

Existe-t-il une jurisprudence solide sur le cyber-harcèlement des femmes ?

La justice appréhende le cyber-harcèlement depuis peu par rapport à d'autres infractions (4 août 2014) (C. pén., art. 222-33-2-2) et plusieurs dispositions ont été ajoutées pour prendre en compte le phénomène, notamment en 2016 avec le *revenge porn* (C. pén., art. 226-2-1). Les magistrats y sont de plus en plus formés — pas suffisamment encore — et plusieurs cas de poursuites et de condamnations ont été observés depuis ces récentes années :

https://www.telerama.fr/medias/un-dernier-cyberharceleur-de-nadia-daam-condamne-apres-une-defense-lunaire,n6181846.php

https://www.ouest-france.fr/societe/justice/cyber-harcelement-peine-alourdie-en-appel-pour-un-homme-qui-avait-menace-la-journaliste-nadia-daam-6762640

https://www.lci.fr/justice/proces-d-un-cyberharceleur-de-l-ex-actrice-porno-nikita-bellucci-ce-n-est-pas-grave-c-est-sur-internet-2092548.html

https://www.leparisien.fr/yvelines-78/yvelines-un-homme-devant-la-justice-pour-avoir-menace-schiappa-et-un-policier-14-01-2019-7988031.php

Cependant les difficultés restent nombreuses et entre août 2014 et 2017 (ce sont les dernières données officielles disponibles), seules dix-huit condamnations ont été prononcées pour l'infraction de harcèlement commis au moyen d'un service de communication au public en ligne ou d'un support numérique ou électronique. Il n'y en avait qu'une en 2014, cinq en 2015, sept en 2016 puis cinq en 2017 :

https://www.numerama.com/politique/533735-cyberharcelement-quatre-ans-apres-avoir-porte-plainte-des-victimes-attendent-toujours.html

Comment préparer une plainte pour cyber-harcèlement ?

Plusieurs conseils pratiques peuvent être donnés. Tout d'abord une plainte pour cyber-harcèlement ne s'improvise pas : il faut recueillir des preuves en faisant des copies d'écran mais aussi, et c'est important, en sauvegardant l'adresse URL du message si celui-ci est posté sur un réseau social en ligne de type Facebook ou Twitter. Le cyber-harcèlement suppose un comportement répété et destiné à nuire d'une personne à l'encontre d'une autre, mais depuis une loi du 3 août 2018, le cyber-harcèlement dit « en meute » est aussi répréhensible : dans le cas où plusieurs personnes, de manière concertée ou non, participent à un harcèlement ciblé à l'encontre d'une seule personne.

Une fois muni de ces éléments de preuves, auxquels peuvent s'ajouter des éléments d'identification de la personne si celle-ci est connue de la victime ou des informations légales sur le site internet qui serait le vecteur du harcèlement, vous pouvez prendre conseil avec un avocat spécialisé qui orientera au mieux votre plainte. Vous pouvez également vous rendre directement dans un commissariat ou une gendarmerie, celle de votre domicile. Deux points à savoir : un policier ou un gendarme ne peut pas refuser de recevoir votre plainte, c'est l'article 15-3 du code de procédure pénale qui l'impose (voir plus bas). Si on vous propose de déposer une main courante, refusez, et faites valoir vos droits même si c'est parfois compliqué dans certains cas. Sachez également que vous avez le droit de vous faire accompagner d'une personne de votre choix (http://questions.assemblee-nationale.fr/q15/15-16044QE.htm) et, pour les personnes mineures, de votre représentant légal ou de toute autre personne. Une fois votre plainte déposée, un récépissé vous sera remis (pas le procès-verbal de la plainte qui reste, lui, entre les mains du policier ou du gendarme). Votre plainte sera normalement transmise au procureur de la République du tribunal judiciaire (ancien tribunal de grande instance) dont dépend votre domicile et c'est ce procureur qui décidera des suites à donner à votre plainte.

Les plateformes numériques et autres réseaux sociaux jouent également difficilement le jeu en ne répondant pas, ou de manière isolée, aux enquêteurs et à la justice. On observe une nette amélioration du côté de Facebook mais une obstination coupable et particulièrement grave chez Twitter (https://www.20minutes.fr/high-tech/2434159-20190124-video-cyber-harcelement-bataille-judiciairevictimes-obtenir-reparation#:~:text=Le%20cyber%2Dharc%C3%A8lement%20est%20consid%C3%A9r%C3%A9,et%2045.000%20euros%20d'amende).

Certaines procédures peuvent durer longtemps et il faut être une plaignante « pro-active » en écrivant, en demandant des nouvelles ou mieux, en demandant à son avocat de le faire.

Est-ce qu'on peut identifier les auteurs des actes de cyber-harcèlements ?

Et puis il faut aussi intégrer que pour des raisons techniques, parfois le ou les cyber-harceleurs arrivent à masquer totalement qui ils sont, au-delà même de l'utilisation d'un pseudo et que les enquêteurs se retrouvent avec une identification d'adresses IP (ce qui théoriquement localise une connexion internet) fictives situées en Russie, au Brésil ou ailleurs sans possibilité d'en tracer l'auteur. Les services spécialisés d'enquête font des progrès importants et la sensibilisation de toute la chaîne pénale, des enquêteurs aux procureurs jusqu'aux magistrats chargés de juger, s'améliore d'années en années. Après avoir mis beaucoup de moyens sur le harcèlement au travail, sur le harcèlement scolaire ou sur le harcèlement sexuel, il serait temps que le cyber-harcèlement, dont on est à l'aube des développements à venir, devienne une lutte prioritaire.

Quels droits face au revenge porn ?

Le *revenge porn* désigne l'action de diffuser, dans un esprit de revanche ou de vengeance, des images à caractère sexuel ou érotique dans le but d'humilier une personne. Savoir si être nu ou témoigner d'une activité sexuelle est une humiliation souvent réservée aux femmes et même si cela doit être humiliant est un débat philosophique. Mais juridiquement, le *revenge porn* se définit à l'article du code pénal portant sur les « images à caractères sexuel prises dans un lieu public ou privé ».

Code pénal, art. 226-2-1

Lorsque les délits prévus aux articles 226-1 et 226-2 portent sur des paroles ou des images présentant un caractère sexuel prises dans un lieu public ou privé, les peines sont portées à deux ans d'emprisonnement et à 60000 euros d'amende.

Est puni des mêmes peines le fait, en l'absence d'accord de la personne pour la diffusion, de porter à la connaissance du public ou d'un tiers tout enregistrement ou tout document portant sur des paroles ou des images présentant un caractère sexuel, obtenu, avec le consentement exprès ou présumé de la personne ou par elle-même, à l'aide de l'un des actes prévus à l'article 226-1.

Quels droits face au upskirting ?

Dans la série des terminologies anglophones, le *upskirting* est une pratique courante dans des pays asiatiques ou anglo-saxons, qui a été relevée comme croissante ces dernières années en France. Elle consiste en la prise d'images, par exemple via un téléphone, sous les jupes des femmes, notamment dans les cabines d'essayages ou dans les transports en commun. C'est pourquoi la loi Schiappa de 2018 contre les violences sexuelles et sexistes vise à mieux les définir et pénaliser juridiquement. Le terme officiel retenu est donc « captation d'images impudiques ».

Code pénal, art. 226-1

Est puni d'un an d'emprisonnement et de 45000 euros d'amende le fait, au moyen d'un procédé quelconque, de porter volontairement atteinte à l'intimité de la vie privée d'autrui :

1° En captant, enregistrant ou transmettant, sans le consentement de leur auteur, des paroles prononcées à titre privé ou confidentiel ;

2° En fixant, enregistrant ou transmettant, sans le consentement de celle-ci, l'image d'une personne se trouvant dans un lieu privé.

3° En captant, enregistrant ou transmettant, par quelque moyen que ce soit, la localisation en temps réel ou en différé d'une personne sans le consentement de celle-ci.

Lorsque les actes mentionnés aux 1° et 2° du présent article ont été accomplis au vu et au su des intéressés sans qu'ils s'y soient opposés, alors qu'ils étaient en mesure de le faire, le consentement de ceux-ci est présumé.

Lorsque les actes mentionnés au présent article ont été accomplis sur la personne d'un mineur, le consentement doit émaner des titulaires de l'autorité parentale.

Lorsque les faits sont commis par le conjoint ou le concubin de la victime ou le partenaire lié à la victime par un pacte civil de solidarité, les peines sont portées à deux ans d'emprisonnement et à 60000 euros d'amende.

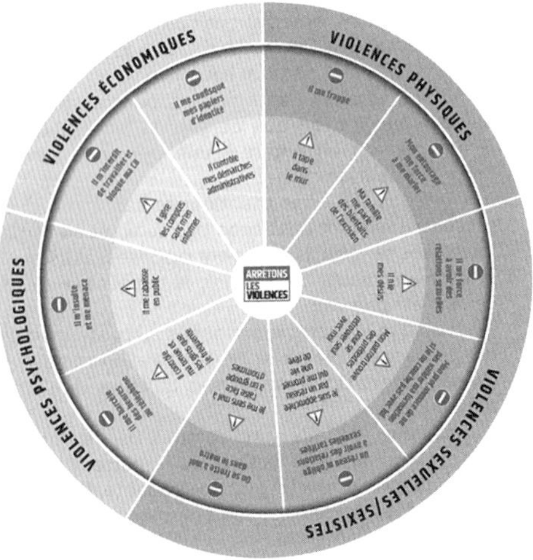
ARRÊTONS LES VIOLENCES
VIOLENCES ÉCONOMIQUES
Il me confisque mes papiers d'identité
Il contrôle mes démarches administratives
Il m'interdit de travailler et bloque ma CB
Il gère les comptes sans m'en informer
VIOLENCES PHYSIQUES
Il me frappe
Il tape dans le mur
Mon entourage me force à me marier
Ma famille me parle des bienfaits de l'excision
VIOLENCES SEXUELLES/SEXISTES
Il me force à avoir des relations sexuelles
Il nie mes désirs
Mon prof menace de ne pas valider ma formation si je ne couche pas avec lui
Mon patron trouve des prétextes pour se retrouver seul avec moi
Un réseau m'oblige à avoir des relations sexuelles tarifées
Je suis approchée par un réseau qui me promet une vie de rêve
On se frotte à moi dans le métro
Je me sens mal à l'aise face à un groupe d'hommes
VIOLENCES PSYCHOLOGIQUES
Il me harcèle des heures au téléphone
Il contrôle ma tenue et les gens que je fréquente
Il m'insulte et me menace
Il me rabaisse en public

2) Les droits des femmes face aux viols et aux violences sexuelles

Qu'est-ce que les violences sexuelles ?

La roue des violences est un support pédagogique ou un support de discussion conçu par le gouvernement et des expertes / experts dans le cadre du Grenelle des violences conjugales, qui peut être utilisé comme base de discussion pour aborder le délicat sujet des violences sexistes et sexuelles. Professionnels, vous pouvez en recevoir sur simple demande.

Quels droits face à l'exhibition sexuelle ?

L'individu qui se masturbe, se montre nu, face aux regards d'une autre personne qui ne l'a pas sollicité se rend coupable d'exhibition sexuelle.

Code pénal, art. 222-32

L'exhibition sexuelle imposée à la vue d'autrui dans un lieu accessible aux regards du public est punie d'un an d'emprisonnement et de 15000 euros d'amende.

Quels droits face au harcèlement sexuel ?

Code pénal, art. 222-33

I. – Le harcèlement sexuel est le fait d'imposer à une personne, de façon répétée, des propos ou comportements à connotation sexuelle ou sexiste qui soit portent atteinte à sa dignité en raison de leur caractère dégradant ou humiliant, soit créent à son encontre une situation intimidante, hostile ou offensante.

L'infraction est également constituée :

1° Lorsque ces propos ou comportements sont imposés à une même victime par plusieurs personnes, de manière concertée ou à l'instigation de l'une d'elles, alors même que chacune de ces personnes n'a pas agi de façon répétée ;

2° Lorsque ces propos ou comportements sont imposés à une même victime, successivement, par plusieurs personnes qui, même en l'absence de concertation, savent que ces propos ou comportements caractérisent une répétition.

II. – Est assimilé au harcèlement sexuel le fait, même non répété, d'user de toute forme de pression grave dans le but réel ou apparent d'obtenir un acte de nature sexuelle, que celui-ci soit recherché au profit de l'auteur des faits ou au profit d'un tiers.

III. – Les faits mentionnés aux I et II sont punis de deux ans d'emprisonnement et de 30000 euros d'amende.

Ces peines sont portées à trois ans d'emprisonnement et 45000 euros d'amende lorsque les faits sont commis :

1° Par une personne qui abuse de l'autorité que lui confèrent ses fonctions ;

2° Sur un mineur de quinze ans ;

3° Sur une personne dont la particulière vulnérabilité, due à son âge, à une maladie, à une infirmité, à une déficience physique ou psychique ou à un état de grossesse, est apparente ou connue de leur auteur ;

4° Sur une personne dont la particulière vulnérabilité ou dépendance résultant de la précarité de sa situation économique ou sociale est apparente ou connue de leur auteur ;

5° Par plusieurs personnes agissant en qualité d'auteur ou de complice ;

6° Par l'utilisation d'un service de communication au public en ligne ou par le biais d'un support numérique ou électronique ;

7° Alors qu'un mineur était présent et y a assisté ;

8° Par un ascendant ou par toute autre personne ayant sur la victime une autorité de droit ou de fait.

Les agressions sexuelles sont définies dans le code pénal et ont été constamment renforcées dans leur définition par le législateur. Les citoyens français relèvent de la loi française y compris lorsque les faits sont commis à l'étranger sur un mineur, dans le but de limiter l'impunité de ces violences. C'est une prise de responsabilité importante de la France en matière de lutte contre la pédocriminalité sur la scène internationale.

Code pénal, art. 222-22

Le viol et les autres agressions sexuelles sont constitués lorsqu'ils ont été imposés à la victime dans les circonstances prévues par la présente section, quelle que soit la nature des relations existant entre l'agresseur et sa victime, y compris s'ils sont unis par les liens du mariage.

Lorsque les agressions sexuelles sont commises à l'étranger contre un mineur par un Français ou par une personne résidant habituellement sur le territoire français, la loi française est applicable par dérogation au deuxième alinéa de l'article 113-6 et les dispositions de la seconde phrase de l'article 113-8 ne sont pas applicables.

Code pénal, art. 222-22-1

La contrainte prévue par le premier alinéa de l'article 222-22 peut être physique ou morale.

Lorsque les faits sont commis sur la personne d'un mineur, la contrainte morale mentionnée au premier alinéa du présent article ou la surprise mentionnée au premier alinéa de l'article 222-22 peuvent résulter de la différence d'âge existant entre la victime et l'auteur des faits et de l'autorité de droit ou de fait que celui-ci exerce sur la victime, cette autorité de fait pouvant être caractérisée par une différence d'âge significative entre la victime mineure et l'auteur majeur.

Lorsque les faits sont commis sur la personne d'un mineur de quinze ans, la contrainte morale ou la surprise sont caractérisées par l'abus de la vulnérabilité de la victime ne disposant pas du discernement nécessaire pour ces actes.

➢ Cette dernière partie est issue de l'article 2 de la loi du 3 août 2018 contre les violences sexuelles et sexistes dite « loi Schiappa », et vise à mieux caractériser les viols sur mineurs, instaurant une notion d'âge (seuil de 15 ans) dans la loi. Une évaluation de cette loi est réalisée par la députée rapporteure et avocate Alexandra Louis.

Code pénal, art. 222-22-2

Constitue également une agression sexuelle le fait de contraindre une personne par la violence, la menace ou la surprise à subir une atteinte sexuelle de la part d'un tiers.

Ces faits sont punis des peines prévues aux articles 222-23 à 222-30 selon la nature de l'atteinte subie et selon les circonstances mentionnées à ces mêmes articles.

La tentative du délit prévu au présent article est punie des mêmes peines.

➢ Le viol, un crime

Le viol est un crime. Une victime de viol a donc le droit de voir le viol qu'elle a vécu jugé comme un crime et non déqualifié.

Quels droits pour faire valoir son consentement ?

Cette notion ne figure pas dans la loi française mais figure en revanche dans la Convention d'Istanbul, qui définit des standards européens de protection des femmes et dispose qu'un viol est un rapport sexuel obtenu sans consentement. Dans huit pays d'Europe, c'est aussi la définition du viol. En France, en revanche, le législateur a considéré dans tous les débats que la notion de consentement était trop fragile et discutable pour se situer au fondement de la définition d'un crime, avançant que l'on peut extorquer un consentement, ou exprimer un consentement sans le penser, par exemple, ou obtenir un consentement sous la contrainte.

Les caractéristiques de pénétration sexuelle englobent toute forme de pénétration (digitale, buccale, avec un objet…) par violence (tabasser quelqu'un, le bloquer…), contrainte (quand la victime est contrainte moralement ou physiquement), menace (quand on pointe une arme sur elle, quand on la menace d'une autre action) ou surprise (quand la victime dort, quand elle ne s'y attend pas).

Code pénal, art. 222-23

Tout acte de pénétration sexuelle, de quelque nature qu'il soit, commis sur la personne d'autrui ou sur la personne de l'auteur par violence, contrainte, menace ou surprise est un viol.

Le viol est puni de quinze ans de réclusion criminelle.

Code pénal, art. 222-24

Le viol est puni de vingt ans de réclusion criminelle :

1° Lorsqu'il a entraîné une mutilation ou une infirmité permanente ;

2° Lorsqu'il est commis sur un mineur de quinze ans ;

3° Lorsqu'il est commis sur une personne dont la particulière vulnérabilité, due à son âge, à une maladie, à une infirmité, à une déficience physique ou psychique ou à un état de grossesse, est apparente ou connue de l'auteur ;

3° *bis* Lorsqu'il est commis sur une personne dont la particulière vulnérabilité ou dépendance résultant de la précarité de sa situation économique ou sociale est apparente ou connue de l'auteur ;

4° Lorsqu'il est commis par un ascendant ou par toute autre personne ayant sur la victime une autorité de droit ou de fait ;

5° Lorsqu'il est commis par une personne qui abuse de l'autorité que lui confèrent ses fonctions ;

6° Lorsqu'il est commis par plusieurs personnes agissant en qualité d'auteur ou de complice ;

7° Lorsqu'il est commis avec usage ou menace d'une arme ;

8° Lorsque la victime a été mise en contact avec l'auteur des faits grâce à l'utilisation, pour la diffusion de messages à destination d'un public non déterminé, d'un réseau de communication électronique ;

9° (abrogé)

10° Lorsqu'il est commis en concours avec un ou plusieurs autres viols commis sur d'autres victimes ;

11° Lorsqu'il est commis par le conjoint ou le concubin de la victime ou le partenaire lié à la victime par un pacte civil de solidarité ;

12° Lorsqu'il est commis par une personne agissant en état d'ivresse manifeste ou sous l'emprise manifeste de produits stupéfiants ;

13° Lorsqu'il est commis, dans l'exercice de cette activité, sur une personne qui se livre à la prostitution, y compris de façon occasionnelle ;

14° Lorsqu'un mineur était présent au moment des faits et y a assisté ;

15° Lorsqu'une substance a été administrée à la victime, à son insu, afin d'altérer son discernement ou le contrôle de ses actes.

Code pénal, art. 222-25

Le viol est puni de trente ans de réclusion criminelle lorsqu'il a entraîné la mort de la victime.

Les deux premiers alinéas de l'article 132-23 relatif à la période de sûreté sont applicables à l'infraction prévue par le présent article.

Code pénal, art. 222-26

Le viol est puni de la réclusion criminelle à perpétuité lorsqu'il est précédé, accompagné ou suivi de tortures ou d'actes de barbarie.

Les deux premiers alinéas de l'article 132-23 relatif à la période de sûreté sont applicables à l'infraction prévue par le présent article.

Code pénal, art. 222-26-1

Le fait de faire à une personne des offres ou des promesses ou de lui proposer des dons, présents ou avantages quelconques afin qu'elle commette un viol, y compris hors du territoire national, est puni, lorsque ce crime n'a été ni commis, ni tenté, de dix ans d'emprisonnement et de 150000 euros d'amende.

➢ Les délais de prescription ont été allongés par la loi Schiappa pour les victimes de viols mineures qui ont désormais jusqu'à trente ans après leur majorité (quarante-huit ans donc) pour déposer plainte et judiciariser le viol.

Trois questions sur le dépôt de plainte à Camille Chaize, porte-parole du ministère de l'Intérieur

Dans quels cas dois-je déposer plainte en cas de violences sexuelles ou sexistes ?

Même si cela peut représenter une épreuve supplémentaire pour les femmes violentées par un conjoint ou par une autre personne, l'étape du dépôt de plainte est essentielle pour la constitution de la procédure judiciaire. Il faut déposer plainte dès qu'il y a violence psychologique, physique, sexuelle, économique ou administrative car aucune n'est anodine et les violences se répètent dans la plupart des situations. Elle peut aussi avoir des conséquences sur les enfants. Les policiers et gendarmes poseront à la victime toutes les questions nécessaires à l'enquête, même les plus complexes et intimes, car il est nécessaire de rassembler toutes les preuves, par exemple à l'appui de photographies ou en faisant constater à l'hôpital les blessures.

Quelle est la différence entre une plainte et une main courante ?

La main courante correspond à une simple déclaration enregistrée et conservée dans les services de police et de gendarmerie, contrairement à une plainte qui est le premier acte d'une procédure judiciaire. Il est possible de déposer une main courante auprès de la police ou de la gendarmerie pour déclarer des violences subies ou dont on a été témoin, notamment lorsque l'on n'est pas certain que les faits constituent une infraction. Cela est fréquent, en ce qui concerne les violences conjugales, qu'un voisin ou un membre de la famille dépose une main courante, pour signaler les faits, sans néanmoins vouloir engager des poursuites, n'étant pas lui-même victime. L'auteur des faits n'aura pas connaissance de la main courante et ne sera pas convoqué. En revanche, si des faits graves sont révélés dans une main courante, la police ou la gendarmerie peuvent prévenir le procureur de la République pour engager des poursuites pénales contre l'auteur des faits présumés. Il est toujours préférable qu'une plainte soit déposée pour que les poursuites pénales soient engagées.

Qui contacter si l'on refuse de prendre ma plainte ?

Tous les policiers et gendarmes sont dans l'obligation de recueillir la plainte d'une victime de violences conjugales, quels que soient la nature ou le degré des violences, quel que soit le lieu de commission de l'infraction, quel que soit le lieu de résidence de la victime et qu'il existe ou non des éléments de preuve au moment du dépôt de la plainte (C. pr. pén., art. 15-3, al. 1er). C'est un droit pour la victime et un devoir pour l'agent des forces de l'ordre. En cas de manquement grave au devoir d'assistance des services de police et de gendarmerie, les victimes peuvent compléter en ligne un formulaire de signalement à remplir pour contacter les inspections.

➤ Liens vers les formulaires de signalement en cas de refus de prise de plainte :

https://www.gendarmerie.interieur.gouv.fr/contacts/reclamation-iggn /

https://www.police-nationale.interieur.gouv.fr/Organisation/Inspection-generale-de-la-Police-nationale/Signalement-IGPN

➤ **La plateforme arretonslesviolences.gouv.fr** permet de signaler 24 heures sur 24 et 7 jours sur 7 tout type de violences sexuelles et sexistes. Elle est évidemment gratuite et permet d'échanger avec des forces de l'ordre depuis chez soi, sans se déplacer dans un commissariat ou une gendarmerie, et de mieux qualifier des faits quand on veut réfléchir à un dépôt de plainte pour soi ou pour une autre personne (elle est ouverte aux victimes comme aux témoins). D'un simple clic, elle s'efface de l'historique et de l'écran d'ordinateur pour y afficher à la place un écran de veille différent.

Quatre questions sur les signalements via arretonslesviolences.gouv.fr

au général d'armée Christian Rodriguez, directeur général de la gendarmerie nationale et à Frédéric Veaux, directeur général de la police nationale.

Qui me répond sur arretonslesviolences.gouv.fr ?

Ce sont des policiers et des gendarmes, respectivement situés à Guyancourt (78-Yvelines) et à Rennes (35-Ille-et-Vilaine) et spécifiquement formés, qui sont présents 24 heures sur 24 et 7 jours sur 7 pour vous répondre. Les signalants, en fonction du code postal de leur commune de domiciliation, sont orientés vers la police nationale ou la brigade numérique pour la gendarmerie nationale, qui prend notamment en charge les violences sexuelles et sexistes.

Dois-je donner mon nom ?

Non, l'accès au portail de signalement des violences sexuelles et sexistes est anonyme. Il est simplement demandé un code postal afin de vous orienter soit vers un opérateur police si le code postal se trouve dans une zone où la police est compétente, soit vers un opérateur gendarmerie si le code postal se trouve dans une zone où la gendarmerie est compétente.

Suis-je obligée de déposer une plainte ?

Non, le dépôt de plainte de la victime n'est pas obligatoire. Un enquêteur peut entendre une victime malgré l'absence de dépôt de plainte.

Si je refuse de déposer plainte, une enquête peut-elle être lancée tout de même ?

Oui, le procureur de la République territorialement compétent et informé des faits peut décider de lancer une enquête. L'ouverture d'une enquête n'est donc pas subordonnée au dépôt de plainte de la victime.

➢ Les policiers peuvent aller saisir les armes du conjoint violent dès la plainte.

Depuis la loi issue du Grenelle des violences conjugales, la police peut aller saisir les armes de l'homme visé par la plainte, et ce y compris de leur initiative.

Code de procédure pénale, art. 56, complété par le chapitre VI, art. 9, de la loi du 20 juillet 2020

« Lorsque l'enquête porte sur des infractions de violences, spécialement en cas d'infractions commises au sein du couple et relevant de l'article 132-80 du même code, l'officier de police judiciaire peut, d'office ou sur instructions du procureur de la république, procéder à la saisie des armes qui sont détenues par la personne suspectée ou dont celle-ci a libre disposition, quel que soit le lieu où se trouvent ces armes. »

Selon les chiffres officiels, 31,8 % des féminicides se produisent via une arme. C'est le premier mode opératoire, loin devant les coups. Il importe de signaler que le conjoint ou ex-conjoint violent dispose d'armes si l'on en a connaissance.

Trois questions concrètes sur les violences conjugales à maître Isabelle Steyer, avocate

(https://www.avocat-steyer.fr)

Quand déposer plainte ?

La réponse est très simple : quand la personne concernée est prête à dévoiler et porter la procédure pénale. Donc à quoi doit-elle être prête ?

Elle doit pouvoir exister en confrontation, le contredire, et expliquer précisément les faits subis.

Elle doit aussi pouvoir affronter un classement sans suite sans craindre les commentaires qui utiliserait ce supposé échec contre elle.

Je lui explique que les violences intra familiales intéressent l'ordre public et doivent sortir du huis clos familial.

La plainte est aussi nécessaire à la construction et la reconstruction pour elles et les enfants car porter plainte c'est éviter la reproduction des violences.

Elle doit aussi se protéger et donc être prête, c'est être prête à cela.

Comment se protéger dans l'intervalle entre le moment où l'on dépose plainte et le moment du procès ?

Déposer dans le temps de la plainte une ordonnance de protection, une assignation à bref délai ou une assignation à jour fixe et/ou dire à l'agresseur qu'elle va se reposer avec les enfants chez la famille ou chez des amis afin d'éviter le moment ou monsieur reçoit la convocation en justice. Ce moment est celui des passages à l'acte graves.

Elle ne doit plus demeurer avec lui.

Elle peut demander à sa mère ou une amie de venir habiter avec elle.

Elle ne peut se retrouver seule car, à défaut de violences, il va rejouer une lune de miel pour tenter de la faire se rétracter.

Être prête c'est avoir un dossier constitué des mains courantes, attestations constatant des violences ou précédentes demandes de divorce, photos, classement sans suite.

Ce moment est le plus difficile de la procédure mais c'est le tunnel obligé avec la liberté.

Quand le dire aux enfants ?

Elle doit donc taire sa décision à tous puis une fois les procédures posées, expliquer son choix aux enfants.

Quels sont les droits des femmes victimes de violences au moment du dépôt de la plainte ?

Code de procédure pénale (sous-titre III : Des droits des victimes) renforcé par les deux lois issues du Grenelle des violences conjugales du 24 juillet 2019 et du 30 juillet 2020

Article 10-2

Les officiers et les agents de police judiciaire informent par tout moyen les victimes de leur droit :

1° D'obtenir la réparation de leur préjudice, par l'indemnisation de celui-ci ou par tout autre moyen adapté, y compris, s'il y a lieu, une mesure de justice restaurative ;

2° De se constituer partie civile soit dans le cadre d'une mise en mouvement de l'action publique par le parquet, soit par la voie d'une citation directe de l'auteur des faits devant la juridiction compétente ou d'une plainte portée devant le juge d'instruction ;

3° D'être, si elles souhaitent se constituer partie civile, assistées d'un avocat qu'elles peuvent choisir ou qui, à leur demande, est désigné par le bâtonnier de l'ordre des avocats près la juridiction compétente, les frais étant à la charge des victimes sauf si elles remplissent les conditions d'accès à l'aide juridictionnelle ou si elles bénéficient d'une assurance de protection juridique ;

4° D'être aidées par un service relevant d'une ou de plusieurs collectivités publiques ou par une association d'aide aux victimes agréée dans des conditions définies par décret ;

5° De saisir, le cas échéant, la commission d'indemnisation des victimes d'infraction, lorsqu'il s'agit d'une infraction mentionnée aux articles 706-3 ou 706-14 du présent code ;

6° D'être informées sur les mesures de protection dont elles peuvent bénéficier, notamment les ordonnances de protection prévues au titre XIV du livre Ier du code civil. Les victimes sont également informées des peines encourues par les auteurs des violences et des conditions d'exécution des éventuelles condamnations qui pourraient être prononcées ;

7° Pour les victimes qui ne comprennent pas la langue française, de bénéficier d'un interprète et d'une traduction des informations indispensables à l'exercice de leurs droits ;

8° D'être accompagnées chacune, à leur demande, à tous les stades de la procédure, par leur représentant légal et par la personne majeure de leur choix, sauf décision contraire motivée prise par l'autorité judiciaire compétente ;

9° De déclarer comme domicile l'adresse d'un tiers, sous réserve de l'accord exprès de celui-ci. Toutefois, lorsque la victime est une personne dépositaire de l'autorité publique ou chargée d'une mission de service public et que l'infraction a été commise en raison de ses fonctions ou de sa mission, elle est informée qu'elle peut déclarer, sans cet accord, son adresse professionnelle.

10° S'il s'agit de victimes de violences pour lesquelles un examen médical a été requis par un officier de police judiciaire ou un magistrat, de se voir remettre le certificat d'examen médical constatant leur état de santé.

Article 10-3

Si la partie civile ne comprend pas la langue française, elle a droit, à sa demande, à l'assistance d'un interprète et à la traduction, dans une langue qu'elle comprend, des informations qui sont indispensables à l'exercice de ses droits et qui lui sont, à ce titre, remises ou notifiées en application du présent code.

L'autorité qui procède à l'audition de la partie civile ou devant laquelle cette personne comparaît s'assure que la personne parle et comprend la langue française.

À titre exceptionnel, il peut être effectué une traduction orale ou un résumé oral des informations mentionnées au premier alinéa.

Les modalités d'application du présent article sont précisées par un décret, qui définit notamment les pièces essentielles devant faire l'objet d'une traduction.

Article 10-4

À tous les stades de l'enquête, la victime peut, à sa demande, être accompagnée par son représentant légal et par la personne majeure de son choix, sauf décision contraire motivée prise par l'autorité judiciaire compétente.

Article 10-5

Dès que possible, les victimes font l'objet d'une évaluation personnalisée, afin de déterminer si elles ont besoin de mesures spécifiques de protection au cours de la procédure pénale.

L'autorité qui procède à l'audition de la victime recueille les premiers éléments permettant cette évaluation. Au vu de ces éléments, l'évaluation peut être approfondie, avec l'accord de l'autorité judiciaire compétente.

La victime est associée à cette évaluation. Le cas échéant, l'association d'aide aux victimes requise par le procureur de la République ou le juge d'instruction en application de l'article 41 y est également associée ; son avis est joint à la procédure.

Les modalités d'application du présent article sont précisées par décret.

Article 10-5-1

Lorsque l'examen médical d'une victime de violences a été requis par un officier de police judiciaire ou un magistrat, le certificat d'examen médical constatant son état de santé est remis à la victime selon des modalités précisées par voie réglementaire.

Article 10-6

À la suite d'accidents, de sinistres, de catastrophes ou d'infractions susceptibles de provoquer de nombreuses victimes, les administrations, au sens de l'article L. 100-3 du code des relations entre le public et l'administration, intervenant dans la gestion de la crise, la prise en charge des victimes de ces événements, leur accompagnement ou la mise en œuvre de leurs droits, les parquets et les juridictions en charge de la procédure ainsi que les associations d'aide aux victimes agréées au sens du dernier alinéa de l'article 41 du présent code peuvent échanger entre elles les données, informations ou documents strictement nécessaires à la conduite de ces missions ainsi qu'à l'information des personnes présentes sur les lieux des événements et de leurs proches.

Toute personne recevant des données, informations ou documents en application du premier alinéa du présent article est tenue au secret professionnel dans les conditions et sous les peines fixées aux articles 226-13 et 226-14 du code pénal.

Le droit de demander un procès à huis clos

Le viol étant un crime, il est jugé aux assises. Les procès d'assises sont publics. Toute personne qui le souhaite peut alors assister aux audiences. Toutefois, bien que le procès soit public, la confidentialité relative est garantie ; il est par exemple interdit de diffuser des images de la victime, de publier des renseignements sur l'identité de la victime sans avoir d'abord recueilli son accord écrit. Le non-respect de cette règle est passible d'une amende d'un montant de 15 000 euros. La victime a le droit de formuler une demande de huis clos, la cour d'assises le prononce alors. Aucun refus n'est possible. Le procès n'est alors plus public et se déroule en simple présence des parties prenantes.

➤ Il est possible de déposer plainte par courrier, notamment pour signaler des faits relatifs à des petites filles et des enfants face aux violences sexuelles.

Toute personne peut aussi déposer plainte directement en écrivant au procureur de la République. C'est particulièrement utile pour des personnes souhaitant signaler des faits mais n'ayant pas la possibilité de se rendre en commissariat ou gendarmerie, ou ne voulant pas être vues.

Modèle de lettre pour dépôt de plainte auprès du procureur de la République

Prénom Nom
Adresse
Code postal Ville

Monsieur ou Madame le procureur de la République
Tribunal judiciaire
Adresse du tribunal de la ville
Code Postal Ville

Date
Objet : dépôt de plainte

Monsieur ou Madame le procureur de la République,

Par la présente, j'ai l'honneur et le devoir de vous informer des faits suivants :

(*décrire ici les faits, avec autant d'informations que possible — date, noms, descriptions, antériorité…*).

Je souhaite donc, par cette lettre que je vous remercie de bien vouloir considérer comme un dépôt de plainte, déposer plainte contre (*prénom nom*) (*ou contre X, si identité inconnue*).

Je vous indique les coordonnées des témoins de ces faits (*si témoins*).

Je vous prie d'agréer, Monsieur / Madame le procureur de la République, l'expression de ma plus haute considération.

Autre modèle de dépôt de plainte directement auprès du procureur, réalisé par le parquet de Rouen, issu d'une circulaire du ministère de la Justice

Je soussigné(e),
Nom
Prénom
Date et lieu de naissance
Numéro de téléphone fixe
Numéro de téléphone mobile
Demeurant (*adresse*)
Déclare déposer plainte
– contre (*personne dénommée*)
– contre (*inconnu*)
– en mon nom propre
– au nom de mon enfant mineur, victime (*indiquer ci-dessous les noms, prénoms, âge, date et heure de naissance de l'enfant*)

pour des faits commis le (*date*)
à (*commune*)

de
– violences volontaires
– blessures involontaires / accident corporel de la circulation
précisions éventuelles :
– un seul auteur
– plusieurs auteurs
– utilisation d'armes ou d'objets ayant servi à apporter des coups.

Je suis informé(e) que cette lettre plainte sera communiquée à un service de police judiciaire qui poursuivra l'enquête et qui aura accès au certificat médical descriptif établi sur réquisition.

Cocher la (les) case(s) utile(s)
Fait à (*commune*)
le (*date*)

Signature

3) Les droits des femmes face aux violences conjugales

Toute forme de violence conjugale est interdite en France : coups, harcèlement, violences psychologiques… et ce dans tout type de couple, marié, en concubinage, petits-amis, Pacsés, couples hétérosexuels ou de même sexe, couples actuels ou ex couple.

En parler

➢ Identifier une personne de confiance à qui livrer ce qui se passe avec des mots simples, afin d'être protégée.

Préparer son départ

➢ Ne prévenez pas que vous allez partir. Partez d'abord et prévenez après. Face à un conjoint violent, l'annonce de la séparation peut hélas vous mettre en danger. Partez d'abord et immédiatement après, portez plainte.

➢ Pour faire constater les violences conjugales, vous pouvez demander un certificat médical à un médecin, un gynécologue, à l'hôpital ou en clinique, par une sage-femme… Sans possibilité de certificat médical, prenez des photos à verser au dossier mais toute victime de violence conjugale doit garder à l'esprit que seul le certificat médical établi par un médecin fera foi sans contestation.

➢ Les futures sanctions pénales pourront dépendre du nombre d'ITT (interruption du temps de travail) indiqué par le médecin que ces violences auront entraîné pour les victimes, inférieure ou égale à huit jours ou supérieure à huit jours.

Partir

➢ Trouvez un endroit où aller, chez des amis, dans votre famille, ou dans un foyer (voir plus bas).

Préparer sa plainte

➢ Réunissez autant d'éléments que nécessaire pour permettre aux forces de l'ordre de qualifier les faits. Écrivez sur une feuille ou souvenez-vous des dates, des lieux, des faits, de leur nature, des témoins éventuels, des effets produits ; si vous avez consulté un médecin, gardez-en trace et idéalement un certificat médical. Si c'est possible et que vous le souhaitez, faites-vous accompagner au commissariat ou à la gendarmerie par un(e) ami(e) bienveillant(e) et de toute confiance, sinon contactez une association qui pourra s'y rendre avec vous.

Porter plainte

➤ Les violences conjugales peuvent être physiques, psychologiques, sexuelles, économiques…

Le féminicide existe-t-il juridiquement ?

D'abord utilisé dans les sphères militantes, le mot de « féminicide » désignait alors l'action de tuer des femmes parce qu'elles sont des femmes, consciemment et en masse, notamment dans les pays où l'on tue les petites filles à la naissance, ou dans les pays où l'on tue des femmes dans la rue parce qu'elles sont des femmes. Le terme a ensuite glissé dans les milieux féministes vers l'action de tuer sa compagne ou son ex-compagne. Jusqu'à 2017, il reste utilisé dans des sphères militantes. En 2017 lors de ma nomination, j'ai fait intégrer le terme de « féminicide » dans tous les documents institutionnels du gouvernement. Les médias ont commencé peu à peu à l'utiliser notamment au moment de l'affaire dite « Daval » en reprenant la phrase écrite sur Twitter sur la culture de l'excuse des féminicides. Utilisé par toutes les associations interrogées, le terme s'est imposé dans les médias en même temps que la visibilité du phénomène des violences conjugales. Dans ses discours, le président de la République l'a prononcé notamment en novembre 2017. C'était la première fois qu'un président qualifiait le fait de tuer sa femme de féminicide. Le président a appelé l'ONU à donner un cadre juridique aux féminicides dans tous les pays du monde. Si le terme est désormais un mot officiel, au point de rentrer dans les dictionnaires l'an dernier, il n'a pas de définition propre juridique en France (on parle de « meurtre par conjoint/e ») et le logiciel Word continue de la souligner comme un mot incorrect ou étranger.

Trois questions sur les plaintes au général d'armée Christian Rodriguez, directeur général de la gendarmerie nationale et à Frédéric Veaux, directeur général de la police nationale

Où aller pour porter plainte ?

Les personnes victimes (ou témoins) de violences intra-familiales peuvent déposer plainte dans n'importe quelle unité de gendarmerie ou service de police. Peu importe qu'il s'agisse du lieu de domicile ou de commission des faits. Cela répond au principe du guichet unique (C. pr. pén., art. 15-3). Elles peuvent également échanger de manière confidentielle et gratuite 24/7 avec un gendarme ou un policier à partir de son ordinateur, son smartphone ou sa tablette, depuis le portail de signalement des violences sexuelles et sexistes (voir *infra*).

Que dois-je préparer pour déposer plainte pour des violences conjugales (coups, viol...)?

Les faits de violences conjugales constituent un crime ou un délit. La prise de plainte de la victime n'est pas subordonnée à la délivrance d'un certificat médical. Ainsi, l'audition de la victime qui se présente à la brigade de gendarmerie ou le commissariat de police doit être réalisée même en l'absence d'un certificat médical préalable. L'objectif est de garantir à la victime un premier contact de qualité basé sur une écoute bienveillante et empathique favorable à la libération de la parole et à un dépôt de plainte. Le travail des enquêteurs sera par ailleurs facilité si la victime est en mesure de fournir les documents utiles à la matérialisation des faits (photos, grosse [copie exécutoire] de jugement...).

Que se passe-t-il après la prise de plainte : pour l'auteur des violences, pour la victime, pour l'enquête ?

Après le dépôt de plainte, l'enquêteur va instruire la plainte reçue en s'appuyant sur les éléments apportés par la victime. En fonction des éléments des preuves à rassembler ou de la situation de la victime, la durée de cette phase est variable. Elle conduira notamment l'enquêteur à enrichir la plainte d'éléments de preuve, d'examens médicaux qui permettront d'établir la gravité des faits, des déclarations des témoins. Après la plainte, l'auteur sera entendu par la gendarmerie ou la police et l'autorité judiciaire décidera des suites à donner à la procédure. En parallèle à ce traitement judiciaire, diverses dispositions légales peuvent être mises en œuvre comme le retrait des armes détenues par le conjoint violent. Il pourra également faire l'objet d'une mesure d'éviction du domicile ou d'une déchéance de l'autorité parentale. S'agissant de la victime, des demandes complémentaires pourront lui être formulées. En outre, une orientation vers une structure médico-judiciaire permettra de déterminer d'éventuelles blessures morales et/ou physiques qui serviront de base à la qualification des faits par le parquet. Enfin, la victime pourra être mise en sécurité (hébergement d'urgence, conseils de protection, recours à la famille ou aux amis susceptibles de l'accueillir). En fonction de la situation, les gendarmes ou les policiers peuvent proposer au procureur de la République la mise en place d'une mesure de protection (ordonnance de protection, bracelet anti-rapprochement, ordonnance de placement provisoire pour les enfants...). La victime bénéficie d'un accompagnement du service compétent tout au long de la procédure au travers d'un contact privilégié avec l'enquêteur en charge de son dossier.

Peut-on refuser de prendre ma plainte ?

D'après le code de procédure pénale, on ne peut pas vous refuser le dépôt d'une plainte. Cela a été réaffirmé par exemple par la décision rendue par le Défenseur des droits le 26 mars 2013 : « un fonctionnaire de police ou un militaire de la gendarmerie ne peut refuser d'enregistrer une plainte sauf dans les cas où l'absence d'infraction est incontestable, sans nécessité de vérification ultérieure ».

➢ Attention : le dépôt d'une main courante n'engage pas de procédure judiciaire. Cela sert à enregistrer un fait et à prouver sa répétition par exemple en cas de tapage nocturne des voisins. Ce n'est pas approprié en cas de violences conjugales. En cas de violences conjugales, il convient de déposer une plainte.

Le droit de faire appel à une association de lutte contre les violences sexuelles ou sexistes

Qui peut exercer les droits reconnus à la partie civile ?

C'est utile par exemple si vous souhaitez faire médiatiser un cas, si vous souhaitez que des expertes de la question se penchent sur le sujet, ou si le dossier est particulièrement emblématique et peut donner lieu à un travail de fond pour améliorer la situation.

Loi n° 2017-86 du 27 janvier 2017, art. 26

Toute association régulièrement déclarée depuis au moins cinq ans à la date des faits, dont l'objet statutaire comporte la lutte contre les violences sexuelles, contre le harcèlement sexuel ou contre les violences exercées sur un membre de la famille, peut exercer les droits reconnus à la partie civile, en ce qui concerne les atteintes volontaires à la vie et à l'intégrité de la personne, les agressions et autres atteintes sexuelles, l'enlèvement et la séquestration et la violation de domicile réprimés par les articles 221-1 à 221-4, 222-1 à 222-18, 222-23 à 222-33, 224-1 à 224-5, 226-4 et 432-8 du code pénal, lorsque la victime de ces infractions était majeure à la date des faits. Toutefois, l'association ne sera recevable dans son action que si elle justifie avoir reçu l'accord de la victime. Si celle-ci est un majeur en tutelle, l'accord doit être donné par son représentant légal.

Toute fondation reconnue d'utilité publique peut exercer les droits reconnus à la partie civile dans les mêmes conditions et sous les mêmes réserves que l'association mentionnée au présent article.

En cas d'atteinte volontaire à la vie, si la victime est décédée, l'association doit justifier avoir reçu l'accord de ses ayant-droits.

➢ Les violences conjugales ne s'arrêtent pas toujours après la rupture de la vie commune. Parfois, la séparation est l'élément déclencheur qui mène au féminicide. Parfois, du harcèlement se poursuit. De nombreux dispositifs existent, de nombreux droits sans cesse renforcés permettent de mieux protéger les femmes face aux violences de leur ex-conjoint.

➢ Femmes pour le Dire, Femmes pour Agir (FDFA), fondé par Maudy Piot, a mis en place un numéro de téléphone national d'écoute, anonyme, spécifiquement à destination des femmes handicapées victimes de violences. Elles sont plus nombreuses parmi les victimes de violences (tél. 01 40 47 06 06).

Qu'est-ce qu'une ordonnance de protection ?

L'ordonnance de protection des victimes a été créée par la loi n° 2010-769 du 9 juillet 2010 dite relative aux violences faites spécifiquement aux femmes, aux violences au sein des couples et aux incidences de ces dernières sur les enfants. Elle crée de nouveaux dispositifs en permettant aux juges de délivrer ces ordonnances de protection des victimes afin de mieux prévenir les récidives de violences conjugales. Depuis la loi n° 2019-1480 du 28 décembre 2019, issue du Grenelle des violences conjugales, la loi dispose qu'un dépôt de plainte n'est plus nécessaire avant l'ordonnance de protection.

Code civil, art. 515-9

Lorsque les violences exercées au sein du couple, y compris lorsqu'il n'y a pas de cohabitation, ou par un ancien conjoint, un ancien partenaire lié par un pacte civil de solidarité ou un ancien concubin, y compris lorsqu'il n'y a jamais eu de cohabitation, mettent en danger la personne qui en est victime, un ou plusieurs enfants, le juge aux affaires familiales peut délivrer en urgence à cette dernière une ordonnance de protection.

Code civil, art. 515-10

L'ordonnance de protection est délivrée par le juge, saisi par la personne en danger, si besoin assistée, ou, avec l'accord de celle-ci, par le ministère public. Sa délivrance n'est pas conditionnée à l'existence d'une plainte pénale préalable.

Dès la réception de la demande d'ordonnance de protection, le juge convoque, par tous moyens adaptés, pour une audience, la partie demanderesse et la partie défenderesse, assistées, le cas échéant, d'un avocat, ainsi que le ministère public à fin d'avis. Ces auditions peuvent avoir lieu séparément. L'audience se tient en chambre du conseil. À la demande de la partie demanderesse, les auditions se tiennent séparément.

Code civil, art. 515-11

L'ordonnance de protection est délivrée, par le juge aux affaires familiales, dans un délai maximal de six jours à compter de la fixation de la date de l'audience, s'il estime, au vu des éléments produits devant lui et contradictoirement débattus, qu'il existe des raisons sérieuses de considérer comme vraisemblables la commission des faits de violence allégués et le danger auquel la victime ou un ou plusieurs enfants sont exposés. À l'occasion de sa délivrance, après avoir recueilli les observations des parties sur chacune des mesures suivantes, le juge aux affaires familiales est compétent pour :

1° Interdire à la partie défenderesse de recevoir ou de rencontrer certaines personnes spécialement désignées par le juge aux affaires familiales, ainsi que d'entrer en relation avec elles, de quelque façon que ce soit ;

1° *bis* Interdire à la partie défenderesse de se rendre dans certains lieux spécialement désignés par le juge aux affaires familiales dans lesquels se trouve de façon habituelle la partie demanderesse ;

2° Interdire à la partie défenderesse de détenir ou de porter une arme et, le cas échéant, lui ordonner de remettre au service de police ou de gendarmerie qu'il désigne les armes dont elle est détentrice en vue de leur dépôt au greffe ; Lorsque l'ordonnance de protection édicte la mesure prévue au 1°, la décision de ne pas interdire la détention ou le port d'arme est spécialement motivée ;

2° *bis* Proposer à la partie défenderesse une prise en charge sanitaire, sociale ou psychologique ou un stage de responsabilisation pour la prévention et la lutte contre les violences au sein du couple et sexistes. En cas de refus de la partie défenderesse, le juge aux affaires familiales en avise immédiatement le procureur de la République ;

3° Statuer sur la résidence séparée des époux. La jouissance du logement conjugal est attribuée, sauf ordonnance spécialement motivée justifiée par des circonstances particulières, au conjoint qui n'est pas l'auteur des violences, et ce même s'il a bénéficié d'un hébergement d'urgence. Dans ce cas, la prise en charge des frais afférents peut être à la charge du conjoint violent ;

4° Se prononcer sur le logement commun de partenaires liés par un pacte civil de solidarité ou de concubins. La jouissance du logement commun est attribuée, sauf ordonnance spécialement motivée justifiée par des circonstances particulières, au partenaire lié par un pacte civil de solidarité ou au concubin qui n'est pas l'auteur des violences, et ce même s'il a bénéficié d'un hébergement d'urgence. Dans ce cas, la prise en charge des frais afférents peut être à la charge du partenaire ou concubin violent ;

5° Se prononcer sur les modalités d'exercice de l'autorité parentale et, au sens de l'article 373-2-9, sur les modalités du droit de visite et d'hébergement, ainsi que, le cas échéant, sur la contribution aux charges du mariage pour les couples mariés, sur l'aide matérielle au sens de l'article 515-4 pour les partenaires d'un pacte civil de solidarité et sur la contribution à l'entretien et à l'éducation des enfants ; Lorsque l'ordonnance de protection édicte la mesure prévue au 1° du présent article, la décision de ne pas ordonner l'exercice du droit de visite dans un espace de rencontre désigné ou en présence d'un tiers de confiance est spécialement motivée ;

6° Autoriser la partie demanderesse à dissimuler son domicile ou sa résidence et à élire domicile chez l'avocat qui l'assiste ou la représente ou auprès du procureur de la République près le tribunal judiciaire pour toutes les instances civiles dans lesquelles elle est également partie. Si, pour les besoins de l'exécution d'une décision de justice, l'huissier chargé de cette exécution doit avoir connaissance de l'adresse de cette personne, celle-ci lui est communiquée, sans qu'il puisse la révéler à son mandant ;

6° *bis* Autoriser la partie demanderesse à dissimuler son domicile ou sa résidence et à élire domicile pour les besoins de la vie courante chez une personne morale qualifiée ;

7° Prononcer l'admission provisoire à l'aide juridictionnelle des deux parties ou de l'une d'elles en application du premier alinéa de l'article 20 de la loi n° 91-647 du 10 juillet 1991 relative à l'aide juridique.

Le cas échéant, le juge présente à la partie demanderesse une liste des personnes morales qualifiées susceptibles de l'accompagner pendant toute la durée de l'ordonnance de protection. Il peut, avec son accord, transmettre à la personne morale qualifiée les coordonnées de la partie demanderesse, afin qu'elle la contacte.

Lorsque le juge délivre une ordonnance de protection, il en informe sans délai le procureur de la République, auquel il signale également les violences susceptibles de mettre en danger un ou plusieurs enfants.

Code civil, art. 515-11-1

I.- Lorsque l'interdiction prévue au 1° de l'article 515-11 a été prononcée, le juge aux affaires familiales peut prononcer une interdiction de se rapprocher de la partie demanderesse à moins d'une certaine distance qu'il fixe et ordonner, après avoir recueilli le consentement des deux parties, le port par chacune d'elles d'un dispositif électronique mobile anti-rapprochement permettant à tout moment de signaler que la partie défenderesse ne respecte pas cette distance. En cas de refus de la partie défenderesse faisant obstacle au prononcé de cette mesure, le juge aux affaires familiales en avise immédiatement le procureur de la République.

II.- Ce dispositif fait l'objet d'un traitement de données à caractère personnel, dont les conditions et les modalités de mise en œuvre sont définies par décret en Conseil d'État.

Code civil, art. 515-12

Les mesures mentionnées à l'article 515-11 sont prises pour une durée maximale de six mois à compter de la notification de l'ordonnance. Elles peuvent être prolongées au-delà si, durant ce délai, une requête en divorce ou en séparation de corps a été déposée ou si le juge aux affaires familiales a été saisi d'une requête relative à l'exercice de l'autorité parentale. Le juge aux affaires familiales peut, à tout moment, à la demande du ministère public ou de l'une ou l'autre des parties, ou après avoir fait procéder à toute mesure d'instruction utile, et après avoir invité chacune d'entre elles à s'exprimer, supprimer ou modifier tout ou partie des mesures énoncées dans l'ordonnance de protection, en décider de nouvelles, accorder à la personne défenderesse une dispense temporaire d'observer certaines des obligations qui lui ont été imposées ou rapporter l'ordonnance de protection.

Code civil, art. 515-13

Une ordonnance de protection peut également être délivrée en urgence par le juge à la personne majeure menacée de mariage forcé, dans les conditions fixées à l'article 515-10.

Le juge est compétent pour prendre les mesures mentionnées aux 1°, 2°, 6° et 7° de l'article 515-11. Il peut également ordonner, à sa demande, l'interdiction temporaire de sortie du territoire de la personne menacée. Cette interdiction de sortie du territoire est inscrite au fichier des personnes recherchées par le procureur de la République. L'article 515-12 est applicable aux mesures prises sur le fondement du présent article.

Comment obtenir une ordonnance de protection ?

Le *Guide de l'ordonnance de protection* adressé par le ministère de la Justice aux professionnels, dite « circulaire Belloubet » dispose ceci :

« L'ordonnance de protection peut être attribuée en l'absence de poursuites pénales.

Étant intimement liée à celui qu'elle désigne comme auteur des faits, il est souvent difficile pour la personne qui se déclare victime de violences conjugales de porter plainte. Dans cette hypothèse, l'ordonnance de protection lui permet d'obtenir des mesures de protection pour elle et ses enfants. Le bénéfice d'une ordonnance de protection ne prive pas la victime vraisemblable de la possibilité de signaler les faits à tout moment en déposant plainte au commissariat de police ou à la brigade de gendarmerie le plus proche ou auprès du procureur de la République.

L'ordonnance de protection peut être attribuée en présence de poursuites pénales.

L'ordonnance de protection conserve tout son intérêt lorsque des poursuites pénales sont exercées. En effet, lorsque le demandeur et le défendeur partagent le même logement ou qu'ils sont parents d'un ou de plusieurs enfants en commun, le juge qui rendra une décision sur le volet pénal ne peut pas statuer sur l'attribution du logement au demandeur et sur l'exercice de l'autorité parentale. L'ordonnance de protection viendra alors compléter la décision pénale. »

➢ La demande d'ordonnances de protection augmente très fortement à la faveur d'une meilleure connaissance du dispositif. Selon le ministère de la Justice, de cinquante-quatre demandes en 2010, le chiffre est passé à près de deux mille cinq cent dans l'année 2018 (pour comparaison, en Espagne, quarante mille demandes ont été formulées la même année).

Qu'est-ce que le téléphone grave danger ?

Le téléphone grave danger, ou TGD, peut être attribué par le procureur de la République à une victime si l'auteur est en fuite, ou lorsqu'une demande d'ordonnance de protection a été formulée devant le juge aux affaires familiales (JAF). Ce dispositif, d'abord expérimenté puis généralisé, a été renforcé suite à la loi issue du Grenelle des violences conjugales (loi n° 2019-1480 du 28 décembre 2019, dans son article 17).

Code de procédure pénale, art. 41-3-1

En cas de grave danger menaçant une personne victime de violences de la part de son conjoint, de son concubin ou de son partenaire lié par un pacte civil de solidarité, le procureur de la République peut attribuer à la victime, pour une durée renouvelable de six mois et si elle y consent expressément, un dispositif de téléprotection lui permettant d'alerter les autorités publiques. L'attribution peut être sollicitée par tout moyen. Avec l'accord de la victime, ce dispositif peut, le cas échéant, permettre sa géolocalisation au moment où elle déclenche l'alerte.

Le dispositif de téléprotection ne peut être attribué qu'en l'absence de cohabitation entre la victime et l'auteur des violences et :

1° Soit lorsque ce dernier a fait l'objet d'une interdiction judiciaire d'entrer en contact avec la victime dans le cadre d'une ordonnance de protection, d'une alternative aux poursuites, d'une composition pénale, d'un contrôle judiciaire, d'une assignation à résidence sous surveillance électronique, d'une condamnation, d'un aménagement de peine ou d'une mesure de sûreté ;

2° Soit en cas de danger avéré et imminent, lorsque l'auteur des violences est en fuite ou n'a pas encore pu être interpellé ou lorsque l'interdiction judiciaire d'entrer en contact avec la victime dans l'un des cadres prévus au 1° n'a pas encore été prononcée.

Le présent article est également applicable lorsque les violences ont été commises par un ancien conjoint ou concubin de la victime, ou par une personne ayant été liée à elle par un pacte civil de solidarité, ainsi qu'en cas de grave danger menaçant une personne victime de viol.

Qu'est-ce que le bracelet d'éloignement du conjoint violent ?

Le dispositif d'éloignement du conjoint violent (DEPAR) permet, en apposant un bracelet numérique, de tenir l'ex-conjoint violent à distance et de lancer l'alerte lorsque le conjoint ne respecte pas cette distance. Mis en place dans d'autres pays, il a fait ses preuves. La loi en prévoyait l'expérimentation depuis dix ans, jamais menée véritablement à son terme. À l'issue du Grenelle des violences conjugales, il est entré dans la loi et prévu pour une mise en place à l'automne 2020.

Code pénal, art. 132-45-1

En cas d'infraction punie d'au moins trois ans d'emprisonnement commise contre son conjoint, son concubin ou son partenaire lié par un pacte civil de solidarité, y compris lorsqu'ils ne cohabitent pas, ou commise par l'ancien conjoint ou concubin de la victime ou par la personne ayant été liée à elle par un pacte civil de solidarité, la juridiction peut, à la demande ou avec le consentement exprès de la victime, qui peut être recueilli par tout moyen :

1° Interdire au condamné de se rapprocher de la victime à moins d'une certaine distance fixée par la décision ;

2° Et, afin d'assurer le respect de cette interdiction, astreindre le condamné au port, pendant toute la durée de la mesure, d'un bracelet intégrant un émetteur permettant à tout moment de déterminer à distance sa localisation sur l'ensemble du territoire national et permettant de déterminer s'il s'approche de la victime à qui a été attribué un dispositif électronique permettant également de déterminer sa localisation. Le condamné est avisé que la pose du bracelet ne peut être effectuée sans son consentement mais que le fait de la refuser constitue une violation des obligations qui lui incombent et peut donner lieu à la révocation de la mesure. Ce dispositif est homologué par le ministre de la justice. Sa mise en œuvre doit garantir le respect de la dignité, de l'intégrité et de la vie privée de la personne et ne doit pas entraver son insertion sociale.

➤ Le Conseil d'État a pris un décret après avis de la Commission nationale de l'informatique et des libertés, pour préciser les modalités d'application du présent article. Il autorise la mise en œuvre d'un traitement automatisé de données à caractère personnel assurant le contrôle à distance de la localisation du condamné et de la victime, se référant à la loi du 12 décembre 2005.

Code de procédure pénale, art. 763-13

Le contrôle à distance de la localisation du condamné fait l'objet d'un traitement automatisé de données à caractère personnel, mis en oeuvre conformément aux dispositions de la loi n° 78-17 du 6 janvier 1978 relative à l'informatique, aux fichiers et aux libertés.

Dans le cadre des recherches relatives à une procédure concernant un crime ou un délit, les officiers de police judiciaire spécialement habilités à cette fin sont autorisés à consulter les données figurant dans ce traitement.

Quels autres comportements de l'ex-conjoint sont sanctionnés par la loi ?

On ne peut pas obliger sa conjointe ou son conjoint à avoir des rapports sexuels : c'est un viol. Marié ou pas, en couple ou pas.

La loi n° 2006-399 du 4 avril 2006 reconnaît l'application de l'infraction pénale de viol au couple marié, dit « viol conjugal ».

Le harcèlement est également condamné par la loi.

Le fait d'installer des logiciels espions dans le téléphone de son conjoint, de sa conjointe, ou de son ex, est également puni par la loi. Les logiciels espions permettant de contrôler les déplacements, de géolocaliser le propriétaire du téléphone, de capter ses messages, est strictement prohibé et considéré comme faisant partie des violences psychologiques infligées à la victime.

Code pénal, article 222-33-2-1

Le fait de harceler son conjoint, son partenaire lié par un pacte civil de solidarité ou son concubin par des propos ou comportements répétés ayant pour objet ou pour effet une dégradation de ses conditions de vie se traduisant par une altération de sa santé physique ou mentale est puni de trois ans d'emprisonnement et de 45 000 euros d'amende lorsque ces faits ont causé une incapacité totale de travail inférieure ou égale à huit jours ou n'ont entraîné aucune incapacité de travail et de cinq ans d'emprisonnement et de 75 000 euros d'amende lorsqu'ils ont causé une incapacité totale de travail supérieure à huit jours ou ont été commis alors qu'un mineur était présent et y a assisté.

Les mêmes peines sont encourues lorsque cette infraction est commise par un ancien conjoint ou un ancien concubin de la victime, ou un ancien partenaire lié à cette dernière par un pacte civil de solidarité.

Les peines sont portées à dix ans d'emprisonnement et à 150000 euros d'amende lorsque le harcèlement a conduit la victime à se suicider ou à tenter de se suicider.

➢ Ce dernier alinéa est issu du Grenelle des violences conjugales et a permis de mieux répondre à des affaires de violences conjugales ayant conduit la femme à se suicider ou à tenter de se suicider, du fait de ce harcèlement par un ex-conjoint ou un conjoint.

Qu'est-ce que le suicide forcé ?

Loi issue du Grenelle des violences conjugales, chapitre IV sur les dispositions relatives au harcèlement moral au sein du couple, Article 7, complète donc le code pénal suite au groupe de travail du Grenelle des violences conjugales, piloté par l'ancienne avocate et militante féministe Yael Mellul, pour remplir une zone jusque-là grise du droit.

Code pénal, art. 222-33-2-1

Les peines sont portées à dix ans d'emprisonnement et à 150000 euros d'amende lorsque le harcèlement a conduit la victime à se suicider ou à tenter de se suicider.

Quels sont les droits des femmes victimes de violences conjugales en matière de logement ?

La loi du 6 juillet 1989 régit le bail d'habitation et affirme que les époux et partenaires de Pacs sont solidairement tenus aux paiements des loyers du logement. La séparation est sans incidence sur cette obligation tant qu'elle n'est pas prononcée judiciairement — divorce, rupture de Pacs… La loi n° 2018-1021 du 23 novembre 2018, dite « loi Élan », ajoute un nouvel article, le 8-2, qui stipule que le départ du logement d'une victime de violences conjugales, en raison de ces violences, met fin à cette solidarité. Pour faire valoir ce droit, la victime de violences conjugales doit informer le bailleur par lettre recommandée avec avis de réception avec une copie de l'ordonnance de protection ou de la condamnation pénale du conjoint violent. La fin de la solidarité de paiement prendra effet dès la date de réception de la lettre par le bailleur.

Comment trouver un logement en urgence ?

Assia Benziane, élue locale et membre du Haut conseil à l'égalité femmes-hommes, commission violences :

« En général et loin de la théorie, la seule solution qu'on ait pour les femmes c'est le 115. Dans certains départements il y a des protocoles pour que les femmes aient tout de suite plus d'une nuit d'hôtel attribuée, le temps qu'un service social trouve une solution plus stable et plus adaptée. Elle peut aussi passer par son assistance sociale si elle est suivie et, si elle ne l'est pas, elle peut solliciter les services sociaux départementaux qui peuvent intervenir auprès du 115. On conseille toujours à madame de préciser qu'elle est victime de violences quand elle est en ligne avec le 115. L'autre solution mobilisable parfois pour nous élus, c'est de voir avec les associations référentes violences au niveau départemental ; ou les associations de la FNSF peuvent avoir quelques solutions d'hébergement (partenariat avec groupe hôtelier etc.). Si la démarche est complexe et si elle n'a pas ce niveau d'information, elle pourra solliciter la Caisse centrale d'activités sociales (CCAS) de sa mairie pour faire le lien. »

➢ À Paris, le foyer « Une femme, un toit » dirigé par Marie Cervetti permet une prise en charge globale spécialisée pour les jeunes femmes : protection, hébergement, accompagnement social et vers l'emploi…

Modèle de lettre pour demander la désolidarisation du bail et du paiement du loyer

Prénom Nom
Adresse
Code Postal Ville
Numéro de téléphone

Nom du bailleur
Adresse
Code postal Ville
Lieu Date

Madame, Monsieur,

Le (*date*), nous avons signé un bail de location, (*nom de Monsieur*), et moi-même, avec vous. Ce bail prévoit le paiement du loyer mensuel d'un montant de XX.

Victime de violences conjugales, je fais valoir par la présente lettre recommandée avec accusé de réception, mon droit de me désolidariser du bail et donc du paiement du loyer, à compter de la réception de la présente lettre, en vertu de la loi n° 2018-1021 du 23 novembre 2018.

Vous trouverez ci-joint l'ordonnance de protection / le document judiciaire attestant de la situation.

Je vous remercie pour votre compréhension et je vous prie d'agréer mes sincères salutations.

Prénom Nom

La loi n° 2004-439 du 26 mai 2004 relative au divorce met en place la mesure d'éviction du conjoint violent du domicile conjugal.

La loi n° 2005-1549 du 12 décembre 2005 précise les conditions d'éviction du conjoint violent du domicile conjugal liées à la récidive.

La circulaire Belloubet du 9 mai 2019 précise aux procureurs généraux : « L'éviction du conjoint violent doit être privilégiée, compte tenu du risque de réitération des faits, dès lors que, sauf circonstances particulières, la victime y est favorable. J'attire votre attention à cet égard sur le fait que l'interdiction de paraître peut désormais être prononcée dans le cadre de la composition pénale, éventuellement accompagnée de soins psychologiques.

Afin de rendre cette mesure effective, certains parquets ont mis en œuvre des dispositifs, en lien avec l'État, les collectivités locales et les partenaires associatifs, qui permettent l'hébergement du conjoint violent, le cas échéant, en urgence, et incluent un accompagnement social et sanitaire.

Je souhaite que l'ensemble des parquets se mobilisent, notamment dans le cadre des instances partenariales, afin que puisse être mise en place sur chaque ressort une solution d'hébergement de conjoints violents permettant une mise en œuvre de la mesure d'éviction.

Dans cette même perspective, il m'apparaît indispensable que soit encouragé le développement, en lien avec les départements, des dispositifs d'accompagnement protégé qui permettent de sécuriser le contact entre la victime et l'agresseur à l'occasion de l'exercice de son droit de visite et d'hébergement du ou des enfants mineurs et la mise en place d'espaces de rencontre ou de visites médiatisées prévus à l'article 373-2-9 du code civil. »

➢ Le dispositif Action Logement permet d'obtenir une garantie, sur le modèle de l'ancien « Loca Pass », pour les femmes victimes de violences conjugales qui souhaitent louer un nouveau logement (https://www.actionlogement.fr).

Les professionnels de la santé informés de violences conjugales peuvent désormais les signaler et ainsi sauver la vie des femmes.

L'article 226-14 du code pénal a été modifié par la loi issue du Grenelle des violences conjugales : « Au médecin ou à tout autre professionnel de santé qui porte à la connaissance du procureur de la République une information relative à des violences exercées au sein du couple relevant de l'article 132-8° du présent code, lorsqu'il lui apparaît que ces violences mettent la vie de la victime majeure en danger immédiat et que celle-ci se trouve sous l'emprise de leur auteur. Le médecin ou le professionnel de santé doit s'efforcer d'obtenir l'accord de la victime majeure ; en cas d'impossibilité d'obtenir cet accord, il doit l'informer du signalement fait au procureur de la République. »

Par ailleurs, la même loi dispose, en modifiant l'article 10-2 du code de procédure pénale : « S'il s'agit de victimes de violences pour lesquelles un examen médical a été requis par un officier de police judiciaire ou un magistrat, de se voir remettre le certificat d'examen médical constatant leur état de santé » et également sur le certificat, un nouvel alinéa est ajouté à l'article 10-5-1 du code de procédure pénale : « Lorsque l'examen médical d'une victime de violences a été requis par un officier de police judiciaire ou un magistrat, le certificat d'examen médical constatant son état de santé est remis à la victime selon des modalités précisées par voie réglementaire. »

Quels droits pour les enfants face aux violences conjugales ?

Toute forme de violence, y compris dite « éducative ordinaire », est prohibée notamment depuis la loi Petit de 2018.

Code civil, art. 371-1-2
Les enfants ont droit à une éducation sans violence. Les titulaires de l'autorité parentale ne peuvent user de moyens d'humiliation tels que la violence physique et verbale, les punitions ou châtiments corporels, les souffrances morales.

Autorité parentale

La question de l'autorité parentale revêt une importance particulière en matière de protection des enfants face aux violences conjugales. Depuis la loi du 3 août 2018 dite « loi Schiappa », grâce à un amendement défendu par la députée Alexandra Louis, commettre des violences conjugales en présence des enfants aggrave la peine encourue. Longtemps, l'autorité parentale a été une arme de chantage de la part du conjoint violent. Jusqu'en 1970, seul le père dispose de cette autorité, devenue ensuite « parentale ». En 1975, la loi sur le divorce a distingué la question du droit de garde, du droit de surveillance, de visite et d'hébergement. En 1987, l'autorité parentale devient possiblement exercée en commun par les parents et en 1993, la coparentalité est instaurée (C. civ., art. 372-2). L'autorité parentale commune est aujourd'hui la règle.

Obligation alimentaire

La loi issue du Grenelle des violences conjugales prévoit l'interdiction de la médiation entre deux membres d'un couple en cas de violences conjugales. La victime est fondée à la refuser.

La section 2 relative à la médiation pénale, article 5, modifie l'article 41-1 du code de procédure pénale : « En cas de violences au sein du couple relevant de l'article 132-80 du code pénal, il ne peut pas être procédé à une mission de médiation. » En outre, des obligations (sur des sujets variés, lieu de résidence, activité professionnelle, achat d'armes…) peuvent être imposées par la justice.

➢ Les associations œuvrant contre les violences sexistes et sexuelles ont la possibilité d'exercer les droits reconnus à la partie civile en cas de crime, dans la mesure où elles peuvent justifier avoir reçu l'accord des ayants-droits, au terme de la loi n° 2017-86 du 27 janvier 2017 dite relative à l'égalité et la citoyenneté.

Code pénal, art. 132-45

La juridiction de condamnation ou le juge de l'application des peines peut imposer spécialement au condamné l'observation de l'une ou de plusieurs des obligations suivantes :

1° Exercer une activité professionnelle ou suivre un enseignement ou une formation professionnelle ;

2° Établir sa résidence en un lieu déterminé ;

3° Se soumettre à des mesures d'examen médical, de traitement ou de soins, même sous le régime de l'hospitalisation. Ces mesures peuvent consister en l'injonction thérapeutique prévue par les articles L. 3413-1 à L. 3413-4 du code de la santé publique, lorsqu'il apparaît que le condamné fait usage de stupéfiants ou fait une consommation habituelle et excessive de boissons alcooliques. Une copie de la décision ordonnant ces mesures est adressée par le juge de l'application des peines au médecin ou au psychologue qui doit suivre la personne condamnée. Les rapports des expertises réalisées pendant la procédure sont adressés au médecin ou au psychologue, à leur demande ou à l'initiative du juge de l'application des peines. Celui-ci peut également leur adresser toute autre pièce utile du dossier ;

4° Justifier qu'il contribue aux charges familiales ou acquitte régulièrement les pensions alimentaires dont il est débiteur ;

5° Réparer en tout ou partie, en fonction de ses facultés contributives, les dommages causés par l'infraction, même en l'absence de décision sur l'action civile ;

6° Justifier qu'il acquitte en fonction de ses facultés contributives les sommes dues au Trésor public à la suite de la condamnation ;

7° S'abstenir de conduire certains véhicules déterminés par les catégories de permis prévues par le code de la route ou de conduire un véhicule qui ne soit pas équipé, par un professionnel agréé ou par construction, d'un dispositif homologué d'antidémarrage par éthylotest électronique ;

7° *bis* Sous réserve de son accord, s'inscrire et se présenter aux épreuves du permis de conduire, le cas échéant après avoir suivi des leçons de conduite ;

8° Ne pas se livrer à l'activité dans l'exercice ou à l'occasion de l'exercice de laquelle l'infraction a été commise ou ne pas exercer une activité impliquant un contact habituel avec des mineurs ;

9° S'abstenir de paraître en tout lieu, toute catégorie de lieux ou toute zone spécialement désignés ;

10° Ne pas engager de paris, notamment dans les organismes de paris mutuels, et ne pas prendre part à des jeux d'argent et de hasard ;

11° Ne pas fréquenter les débits de boissons ;

12° Ne pas fréquenter certains condamnés, notamment les auteurs ou complices de l'infraction ;

13° S'abstenir d'entrer en relation avec certaines personnes, dont la victime, ou certaines catégories de personnes, et notamment des mineurs, à l'exception, le cas échéant, de ceux désignés par la juridiction ;

14° Ne pas détenir ou porter une arme ;

15° Accomplir à ses frais un des stages prévus à l'article 131-5-1 du présent code ;

16° S'abstenir de diffuser tout ouvrage ou œuvre audiovisuelle dont il serait l'auteur ou le coauteur et qui porterait, en tout ou partie, sur l'infraction commise et s'abstenir de toute intervention publique relative à cette infraction ; les dispositions du présent alinéa ne sont applicables qu'en cas de condamnation pour crimes ou délits d'atteintes volontaires à la vie, d'agressions sexuelles ou d'atteintes sexuelles ;

17° Remettre ses enfants entre les mains de ceux auxquels la garde a été confiée par décision de justice ;

18° En cas d'infraction commise soit contre son conjoint, son concubin ou son partenaire lié par un pacte civil de solidarité, soit contre ses enfants ou ceux de son conjoint, concubin ou partenaire, résider hors du domicile ou de la résidence du couple et, le cas échéant, s'abstenir de paraître dans ce domicile ou cette résidence ou aux abords immédiats de celui-ci, ainsi que, si nécessaire, faire l'objet d'une prise en charge sanitaire, sociale ou psychologique ; les dispositions du présent 19° sont également applicables lorsque l'infraction est commise par l'ancien conjoint ou concubin de la victime, ou par la personne ayant été liée à elle par un pacte civil de solidarité, le domicile concerné étant alors celui de la victime. Pour l'application du présent 19°, l'avis de la victime est recueilli, dans les meilleurs délais et par tous moyens, sur l'opportunité d'imposer au condamné de résider hors du logement du couple. Sauf circonstances particulières, cette mesure est prise lorsque sont en cause des faits de violences susceptibles d'être renouvelés et que la victime la sollicite. La juridiction peut préciser les modalités de prise en charge des frais afférents à ce logement ;

18° *bis* Respecter l'interdiction de se rapprocher d'une victime de violences commises au sein du couple prévue à l'article 132-45-1 du présent code contrôlée par un dispositif électronique mobile anti-rapprochement ;

19° Obtenir l'autorisation préalable du juge de l'application des peines pour tout déplacement à l'étranger ;

20° Respecter les conditions d'une prise en charge sanitaire, sociale, éducative ou psychologique, destinée à permettre sa réinsertion et l'acquisition des valeurs de la citoyenneté ; cette prise en charge peut, le cas échéant, intervenir au sein d'un établissement d'accueil adapté dans lequel le condamné est tenu de résider ;

21° L'obligation d'accomplir un travail d'intérêt général, selon les modalités prévues à l'article 131-8 ; le condamné doit en ce cas se soumettre à l'examen médical prévu au dernier alinéa de l'article 131-22 ;

22° L'injonction de soins, dans les conditions prévues aux articles L. 3711-1 à L. 3711-5 du code de la santé publique, si la personne a été condamnée pour un délit pour lequel le suivi socio-judiciaire est encouru et qu'une expertise médicale a conclu qu'elle était susceptible de faire l'objet d'un traitement ;

23° L'obligation de justifier de la remise d'un bien dont la confiscation a été ordonnée ;

24° L'obligation de justifier du paiement régulier des impôts ;

25° L'obligation de justifier de la tenue d'une comptabilité régulière certifiée par un commissaire aux comptes.

Le Grenelle des violences conjugales, qu'est-ce que c'est ?

Réclamé par les associations à tous les gouvernements successifs depuis 2007, le Grenelle des violences conjugales s'est tenu de septembre à décembre 2019 et a donné lieu à des dizaines de mesures fortes portées notamment via trois lois. Il s'est accompagné de subventions exceptionnelles et de hausses de subventions pérennisées. Pour la première fois, à Matignon, se sont retrouvées des personnes d'horizons très éloignés. Onze groupes de travail ont planché ensemble sur des sujets aussi variés que l'accueil dans les commissariats et brigades de gendarmeries (qui a donné lieu à la grille d'évaluation du danger ou la saisie des armes dès la plainte), la prise en charge des auteurs de violences conjugales (qui a donné lieu à l'annonce d'ouverture de centres de prises en charge), la place des enfants (qui a donné lieu au retrait de l'autorité parentale pour les auteurs de féminicides) ou la protection des femmes par la justice (qui a donné lieu au bracelet d'éloignement). Le Grenelle des violences conjugales a été lancé le 3 septembre 2019 afin de permettre à la population française de retenir par un biais mnémotechnique le numéro de téléphone du 3919. Connu par 8 % de la population au lancement, il est désormais identifié par près de 70 % de la population française, grâce à cette mobilisation sans précédent.

4) Les droits des femmes face aux violences au travail et aux violences économiques

Les questions de lutte contre les violences sexistes et sexuelles sont intrinsèquement liées aux questions d'émancipation économique des femmes. Tant que les femmes ne sont pas entièrement autonomes financièrement, il leur est difficile de fuir le foyer d'un homme violent. Et quand les femmes doivent faire face aux violences dans leur vie personnelle, elles n'ont pas la confiance en elles nécessaire pour lever la tête et aller négocier leurs augmentations et leurs promotions au travail. C'est un combat global. Et les droits des femmes les protègent globalement.

Toutes les lois contre les violences sexuelles, viols, harcèlement sexuel… s'appliquent évidemment dans la vie professionnelle. De nombreuses lois existent pour les femmes au travail et pour l'égalité professionnelle et salariale, qui ne concernent pas directement la question des violences. Nous

nous concentrons ici sur les lois spécifiques à ces questions.

Quels droits face aux agissements sexistes ?

La loi du 17 août 2015 relative au dialogue social et à l'emploi définit l'agissement sexiste.

Code du travail, art. L. 1142-2-1

Nul ne doit subir d'agissement sexiste, défini comme tout agissement lié au sexe d'une personne, ayant pour objet, ou pour effet de porter atteinte à sa dignité ou de créer un environnement intimidant, hostile, dégradant, humiliant ou offensent.

L'auteur d'agissement sexiste s'expose à une sanction disciplinaire, et l'employeur peut être amené à réparer le préjudice subit par le tribunal des Prud'hommes. Il n'est en revanche pas pénalement sanctionné, mais cette définition permet à l'employeur d'agir indifféremment du dépôt d'une plainte.

Trois nouvelles avancées récentes contre les agissements sexistes au travail

➢ La loi n° 2017-86 du 27 janvier 2017 relative à l'égalité et à la citoyenneté fait du sexisme une circonstance aggravante des crimes et des délits. Les agissements sexistes sont étendus aux fonctionnaires.

➢ La loi n° 2018-771 du 5 septembre 2018 dite « pour la liberté de choisir son avenir professionnel » instaure des obligations pour les employeurs.

➢ Depuis le 1er janvier 2019, une information par affichage (pour les entreprises de vingt salariés et plus) doit être adressée aux personnes en formation, en stage, candidats à un recrutement… l'article 222-33 du code pénal définissant le harcèlement sexuel, ainsi que des actions envisageables au civil comme au pénal contre cela. Le règlement intérieur doit stipuler cela et l'employeur doit désigner un référent en matière de lutte contre le harcèlement sexuel et les agissements sexistes.

Non, un patron n'a pas le droit de d'interdire à une femme de porter plainte. Rien n'explicite cela dans la loi. C'est même le contraire.

Le code pénal, à l'article 434-5, prévoit trois ans d'emprisonnement et 45 000 euros d'amende pour la personne qui encourage la victime d'un crime ou d'un délit à ne pas porter plainte ou à se rétracter.

Comment soutenir les droits des femmes face aux violences au travail quand on est délégué syndical ?

Réponse de Brigitte Grésy, présidente du Haut conseil à l'égalité femmes-hommes, sur la base des travaux du Conseil supérieur de l'égalité professionnelle :

« Soyez vigilant. En vous formant à repérer les différentes manifestations du "sexisme ordinaire". En ayant une oreille attentive et en adoptant une posture bienveillante lorsqu'un ou une salarié.e vous alerte sur une situation d'agissement sexiste. Les agissements sexistes, même mineurs, en apparence, créent de la souffrance, susceptible d'avoir des répercussions graves sur la santé et la performance de la personne au travail. En saisissant par écrit votre employeur ; en rappelant qu'il/qu'elle peut s'adresser à la médecine du travail ou en l'orientant vers une structure spécialisée de souffrance au travail afin qu'il/elle puisse parler de sa situation à un professionnel de santé ; en proposant des actions de prévention liées à l'interdiction de tout agissement sexiste (C. trav., art. L. 4612-3). Le comité d'hygiène, de sécurité et des conditions de travail contribue à la promotion de la prévention des risques professionnels dans l'établissement et suscite toute initiative qu'il estime utile dans cette perspective. »

➤ À lire : le kit « Agir contre le sexisme » coordonné par le Conseil supérieur de l'égalité supérieure (CSEP) et Brigitte Grésy, présidente du Haut conseil à l'égalité femmes-hommes.

Comment être un manager qui respecte et fait respecter les droits des femmes au travail ? Cédric Bruguière, manager de carrières

Comment réagir quand une femme de l'équipe est victime de violences conjugales ?

Le rôle du manager n'est pas forcément de réaliser lui-même l'accueil de la parole. C'est un exercice délicat et subtil qui empiète parfois sur la vie privée et peut être fait avec maladresse malgré la bonne volonté. Son rôle est en revanche de faire l'interface avec les ressources humaines (RH), la médecine du travail, la psychologue du travail, des associations partenaires ou proches de l'entreprise… afin de lui permettre de bénéficier de cette écoute dans de bonnes conditions. Avec les RH, il convient d'identifier les bons dispositifs : existe-t-il un fonds de solidarité au sein du CSE (comité social et économique), par exemple, qui pourrait soutenir financièrement les démarches comme recherches d'appartements ? Puis, et non le moindre, le rôle du manager est aussi, en échange avec la personne, de faciliter l'organisation de sa journée et de son temps de travail afin qu'elle puisse, y compris sur son temps de travail, effectuer ses recherches et rendez-vous nécessaires : pour une victime de violences conjugales, le temps de travail est un temps sécurisé par rapport à son conjoint. Exceptionnellement, il faut donc la soutenir dans l'organisation de son exfiltration du lieu où elle risque sa peau.

Lors de l'annonce, vous n'avez pas le droit de mentionner un sexe. L'offre d'emploi doit être non genrée. Au moment du choix des CV, la sélection se fait exclusivement sur la compétence et non sur le sexe de la personne qui candidate. Un certain nombre de questions sont prohibées lors de l'entretien d'embauche, sur la grossesse, sur la situation maritale ou personnelle, sur les projets d'avoir des enfants dans l'avenir… Poser des questions sur le mode de garde des enfants est également interdit. En tant que manager, on est parfois sexiste sans le vouloir : il faut l'identifier pour cesser ces pratiques, qui peuvent devenir des violences ou du harcèlement. Si une personne fait la démarche d'évoquer avoir été gênée par une réflexion sexiste, il faut savoir le prendre en compte et le faire respecter. De nombreux métiers se féminisent, il existe des formations qui permettent de comprendre le sexisme, les stéréotypes de genre ; mettre en place ce type de module peut permettre d'avancer.

L'employeur est-il responsable quand du harcèlement sexuel se produit dans son entreprise ?

Clairement, oui. En matière de harcèlement sexuel, dans la loi, l'article L. 4121-1 du code du travail précise que l'employeur a l'obligation de préserver la santé et la sécurité de ses employés. Il relève donc de la responsabilité du manager, du responsable des ressources humaines, de se mobiliser pour sanctionner tous les comportements relevant du harcèlement, qu'il soit moral, ou sexuel. Si les faits ne peuvent pas être prouvés, l'employeur doit malgré tout avoir mis en place des plans d'action pour éviter que ce type de comportement se reproduise.

Le droit de débloquer son épargne salariale en cas de violences conjugales

Dans le cadre du Grenelle des violences conjugales, le gouvernement a pris un décret disposant que les victimes de violences conjugales pouvaient désormais débloquer leur épargne salariale afin de faire face à une période difficile.

Public concerné : employeurs et salariés des entreprises disposant d'un accord d'intéressement, de participation et d'un plan d'épargne salariale.

Entrée en vigueur : le texte entre en vigueur le lendemain de sa publication.

Notice : le décret modifie des dispositions relatives à l'intéressement. Il prend acte de la suppression de l'obligation de consultation du comité social et économique avant le dépôt d'un accord.

Il propose des modifications rédactionnelles en matière de déblocage anticipé de la participation financière, consécutives à des modifications législatives et crée un nouveau cas de déblocage lié à une situation de violence conjugale.

Il précise les nouvelles modalités de dépôt électronique des règlements de plans d'épargne salariale et le délai pendant lequel un salarié peut demander le déblocage anticipé de son PERCO (plan d'épargne retraite collectif).

Références : le décret est pris pour application des dispositions de l'article 18-XIII de la loi n° 2015-990 du 6 août 2015 pour la croissance, l'activité et l'égalité des chances économiques.

Le décret, ainsi que les dispositions du code du travail qu'il modifie, dans leur rédaction issue de cette modification, peuvent être consultés sur le site légifrance (https://www.legifrance.gouv.fr).

Article 1er

Le livre III de la troisième partie du code du travail est ainsi modifié :

1° L'article R. 3312-1 est abrogé ;

2° À l'article R. 3324-22 :

a) Au 3°, les mots : « un jugement » sont remplacés par les mots : « une décision judiciaire » ;

b) Après le 3°, sont insérés trois alinéas ainsi rédigés :

« 3° *bis* Les violences commises contre l'intéressé par son conjoint, son concubin ou son partenaire lié par un pacte civil de solidarité,

ou son ancien conjoint, concubin ou partenaire :

« a) Soit lorsqu'une ordonnance de protection est délivrée au profit de l'intéressé par le juge aux affaires familiales en application de l'article 515-9 du code civil ;

« b) Soit lorsque les faits relèvent de l'article 132-80 du code pénal et donnent lieu à une alternative aux poursuites, à une composition pénale, à l'ouverture d'une information par le procureur de la République, à la saisine du tribunal correctionnel par le procureur de la République ou le juge d'instruction, à une mise en examen ou à une condamnation pénale, même non définitive ; »

c) Au 4°, après les mots : « la commission des droits et de l'autonomie des personnes handicapées », sont insérés les mots : « ou du président du conseil départemental » ;

d) Au 9°, la référence : « L. 331-2 » est remplacée par la référence : « L. 711-1 » ;

3° Au premier alinéa de l'article R. 3324-23, après le mot : « invalidité », sont insérés les mots : «, violences conjugales » ;

4° À l'article R. 3332-4, les mots : « à la direction régionale des entreprises, de la concurrence, de la consommation, du travail et de l'emploi » sont remplacés par les mots : « sur la plateforme de téléprocédure mentionnée à l'article D. 2231-4 » ;

5° L'article R. 3332-6 est abrogé ;

6° À l'avant-dernier alinéa de l'article R. 3334-4, la référence : « L. 331-2 » est remplacée par la référence : « L. 711-1 » ;

7° Au début de l'article R. 3334-5, il est inséré un alinéa ainsi rédigé :

« La demande du salarié de liquidation anticipée peut intervenir à tout moment, sauf dans le cas prévu au 3° de l'article R. 3334-4. Dans ce cas, elle intervient dans un délai de six mois à compter de la survenance du fait générateur. »

Article 2

I. — Les dispositions du 3° *bis* de l'article R. 3324-22 du code du travail résultant du présent décret sont applicables aux demandes présentées postérieurement à son entrée en vigueur.

II. — Les dispositions du premier alinéa de l'article R. 3334-5 du même code résultant du présent décret sont applicables aux faits générateurs postérieurs à son entrée en vigueur. »

Depuis 1907, les femmes mariées peuvent percevoir leur salaire. La loi du 13 juillet 1965, plusieurs fois modifiée, garantit des libertés financières aux femmes.

Article 6

Sera puni des peines de l'abus de confiance prévues par les articles 314-1 et 314-10 du code pénal l'époux qui, après que lui aura été signifiée l'ordonnance prévue aux articles 220-1 et 220-2 du code civil, aura détruit, détourné ou tenté de détruire ou de détourner les objets confiés à sa garde.

Article 10

Si les époux s'étaient mariés sans faire de contrat de mariage avant l'entrée en vigueur de la présente loi, ils continueront d'avoir pour régime matrimonial la communauté de meubles et d'acquêts telle que la définissaient les dispositions antérieures de la première partie du chapitre II, au titre cinquième du livre III du code civil.

Néanmoins, à compter de l'entrée en vigueur de la présente loi, sans préjudicier aux droits qui auraient pu être acquis par des tiers, les époux reprendront la jouissance de leurs propres et supporteront les charges usufructaires correspondantes, ainsi que les intérêts et arrérages de leurs dettes personnelles. Pareillement, ils seront désormais soumis au droit nouveau en tout ce qui concerne l'administration des biens communs, des biens réservés et des biens propres.

Article 11

Si les époux avaient fait un contrat de mariage avant l'entrée en vigueur de la présente loi, ils continueront d'être régis par les stipulations de leur contrat.

Si, dans leur contrat de mariage, les époux avaient adopté le régime sans communauté ou le régime dotal, ils continueront aussi à être régis par les stipulations de leur contrat ainsi que, suivant le cas, par les dispositions des anciens articles 1530 à 1535 du code civil, ou par celles des anciens articles 1540 à 1581 du même code et de l'ancien article 5 du code de commerce. Toutefois, pendant un délai de deux ans à compter de l'entrée en vigueur de la présente loi, ils pourront, en observant les autres conditions prévues à l'article 17, se placer sous le régime de la communauté légale ou sous le régime de la séparation de biens.

Article 12

Les nouveaux articles 1442 (2e alinéa) et 1475 (2e alinéa) seront applicables dans toutes les communautés dissoutes après l'entrée en vigueur de la présente loi.

Sous réserve des accords amiables déjà intervenus et des décisions judiciaires passées en force de chose jugée, le nouvel article 1469 sera applicable dans toutes les communautés non encore liquidées à la date de la publication de la présente loi.

Article 14

Sans préjudice de l'application des articles 2402 à 2404 du code civil, les femmes, dont le mariage a été célébré ou les conventions matrimoniales passées avant l'entrée en vigueur de la présente loi, continueront de jouir de l'hypothèque légale prévue à l'ancien article 2135 du même code, lors même qu'elle n'aurait pas encore été inscrite. Les inscriptions de cette hypothèque seront soumises aux dispositions des nouveaux articles 2405 et 2446 (alinéas 1 à 3) du code civil.

Article 15

Le nouvel article 1397 sera applicable aux époux dont le mariage aura été célébré, ou les conventions matrimoniales passées avant l'entrée en vigueur de la présente loi.

Quand les époux useront de la faculté qui leur est ainsi ouverte, le changement par eux apporté à leur régime matrimonial aura pour effet de les soumettre entièrement aux dispositions de la présente loi, en tant qu'elles se rapportent au nouveau régime qu'ils auront adopté.

Si, toutefois, la modification ne porte que sur des clauses ou règles particulières du régime matrimonial antérieur, sans altération des dispositions essentielles de celui-ci, ils pourront convenir, sous réserve de l'homologation du tribunal, de rester soumis à la loi ancienne, dans les limites prévues aux articles 10 et 11 ci-dessus. En ce cas, ils ne pourront adopter de clauses qui seraient interdites, soit par la loi ancienne, soit par la loi nouvelle réserve faite de l'article 20 ci-après.

Les époux mariés sous le régime dotal pourront se prévaloir du présent article.

Article 16

Les époux qui s'étaient mariés avant l'entrée en vigueur de la présente loi sans avoir fait de contrat de mariage pourront, par déclaration conjointe, se placer sous le régime matrimonial prévu par la première partie du chapitre II, au nouveau titre cinquième du livre III du code civil.

Pareillement, les époux qui avaient passé des conventions matrimoniales avant l'entrée en vigueur de la présente loi pourront, par déclaration conjointe soumettre leur régime matrimonial aux dispositions nouvelles qui doivent désormais régler ce type de régime, sans préjudice, néanmoins, des clauses particulières qu'ils auraient convenues lesquelles ne pourront être modifiées que dans les formes du nouvel article 1397.

Article 17

La déclaration conjointe prévue à l'un et l'autre alinéa de l'article précédent sera, à peine de nullité, faite devant notaire et dans un délai de six mois à compter de l'entrée en vigueur de la présente loi.

À la diligence du notaire qui l'aura reçue, la déclaration devra, à peine de nullité, être mentionnée, dans les trente jours de sa date, en marge de l'acte de mariage des époux et, s'il existe un contrat de mariage, sur la minute de ce contrat.

Elle aura effet entre les parties au jour où elle aura été reçue et, à l'égard des tiers, trois mois après que mention en aura été portée en marge de l'un et de l'autre exemplaire de l'acte de mariage. Toutefois, en l'absence même de cette mention, la déclaration n'en sera pas moins opposable aux tiers si, dans les actes passés avec eux, les époux ont fait connaître qu'ils se sont soumis au droit nouveau.

Article 18

Quand les époux auront fait la déclaration conjointe prévue aux deux articles précédents, leur régime matrimonial sera entièrement réglé par le droit nouveau, pour le passé comme pour l'avenir sans que les droits antérieurement acquis par des tiers puissent néanmoins en être affectés.

Comment me désolidariser d'un compte joint ?

Attention, disposer d'un compte joint en période de séparation vous expose. D'abord parce qu'il existe une solidarité, active — chacun des titulaires peut disposer de l'intégralité des fonds déposés sur le compte — passive — chacun est considéré comme débiteur en cas de découvert et de solde négatif du compte commun. Ensuite, avec un compte commun, le co-titulaire a accès à toutes les informations et historiques de vos paiements et donc, souvent, de vos déplacements.

Modèle de lettre de désolidarisation d'un compte joint

Prénom Nom
Adresse
Code Postal Ville

Nom de la banque
Adresse
Code postal Ville

Lieu Date

Madame, Monsieur,

Je suis co-titulaire du compte joint numéro XX et souhaite m'en désolidariser. Je vous demande donc de bien vouloir procéder à la désolidarisation de ce compte joint.

Je souhaite que ce compte puisse fonctionner exclusivement avec les deux signatures de co-titulaires dès la date de réception de la présente lettre.

Cordialement.

➢ Un conjoint n'a pas le droit d'annuler une carte bancaire, un chéquier ou tout autre moyen de paiement pour l'autre.

Quelle solidarité financière dans le couple ?

Code de la sécurité sociale, art. L. 523-1

I.- Ouvrent droit à l'allocation de soutien familial :

1°) Tout enfant orphelin de père ou de mère, ou de père et de mère ;

2°) Tout enfant dont la filiation n'est pas légalement établie à l'égard de l'un ou l'autre de ses parents ou à l'égard de l'un et de l'autre ;

3°) Tout enfant dont le père ou la mère, ou les père et mère, se soustraient ou se trouvent, s'ils sont considérés comme tels, au regard de conditions fixées par décret, comme étant hors d'état de faire face à leurs obligations d'entretien ou au versement d'une pension alimentaire mise à leur charge par décision de justice ou d'une contribution à l'entretien et à l'éducation de l'enfant fixée par les actes ou accords mentionnés au IV ;

4°) Tout enfant dont le père ou la mère, ou les père et mère, s'acquittent intégralement du versement d'une pension alimentaire mise à leur charge par décision de justice ou d'une contribution à l'entretien et à l'éducation de l'enfant fixée par les actes ou accords mentionnés au même IV, lorsque le montant correspondant est inférieur à celui de l'allocation de soutien familial. Dans ce cas, une allocation de soutien familial différentielle est versée. Les modalités d'application du présent 4°, notamment les conditions dans lesquelles, en l'absence d'une décision de justice ou d'un accord ou d'un acte respectivement mentionnés aux 1° et 2° du IV, le montant de la contribution pris en compte pour le calcul de l'allocation de soutien familial différentielle est retenu, sont fixées par décret en Conseil d'État.

II.- En vue de faciliter la fixation de la pension alimentaire par l'autorité judiciaire, le directeur de l'organisme débiteur des prestations familiales peut transmettre au parent bénéficiaire les renseignements dont il dispose concernant l'adresse et la solvabilité du débiteur défaillant à l'issue du contrôle qu'il effectue sur sa situation, dès lors qu'un droit à l'allocation de soutien familial mentionné au 3° du I est ouvert.

III.-L'allocation de soutien familial est ouverte de plein droit aux bénéficiaires du revenu de solidarité active visés à l'article L. 262-9 du code de l'action sociale et des familles et qui assument la charge effective et permanente d'un ou plusieurs enfants remplissant l'une des conditions précédemment mentionnées.

IV.-Constituent des actes ou accords au sens des 3° et 4° du I du présent article, sous réserve qu'ils aient acquis force exécutoire : 1° L'accord par lequel les époux consentent mutuellement à leur divorce ou à leur séparation de corps par acte sous signature privée contresigné par avocats déposé au rang des minutes d'un notaire selon les modalités prévues à l'article 229-1 du code civil ; 2° Un acte reçu en la forme authentique par un notaire ;

3° Un accord auquel l'organisme débiteur des prestations familiales a donné force exécutoire en application de l'article L. 582-2 du présent code ;

4° Une convention homologuée par le juge.

La loi n° 2019-1480 prive de la pension de réversion le conjoint condamné pour avoir commis un crime ou un délit contre son époux/e.

➢ Les lois issues du Grenelle des violences conjugales ont renforcé la protection des femmes et des victimes de violences intra-familiales d'un point de vue économique. Ainsi, par exemple, si votre père a été reconnu coupable de violences conjugales sur votre mère, vous êtes dégagé de vos obligations alimentaires (paiement de maison de repos, aide financière, paiement de factures d'hôpital ou d'EPHAD…) à son endroit. En outre, le conjoint violent ne pourra plus bénéficier de la pension de réversion de la femme qu'il a violentée. Ce sont des avancées concrètes qui sécurisent l'autonomie financière et mettent fin à des incohérences.

La loi de juillet 2020 issue du Grenelle des violences conjugales, au chapitre III (dispositions relatives à la décharge de l'obligation alimentaire en cas de violences conjugales), article 6, crée un alinéa :

Code civil, art. 207

« En cas de condamnation pour un crime ou un délit portant atteinte à l'intégrité physique ou psychique de la personne, commis par un parent sur l'autre parent ou sur un descendant, les ascendants et descendants de la victime sont déchargés de leur obligation alimentaire à l'égard de l'auteur. »

5) Les femmes face aux mutilations génitales

En France, les lois de la République sont supérieures à toutes coutumes ou pratiques traditionnelles. De plus en plus de pays du monde abolissent les mutilations génitales. La présidence française du G7 de 2019 a fait de l'égalité femmes-hommes un sujet prioritaire. À cette occasion, le président Emmanuel Macron a créé un Conseil consultatif pour l'égalité femmes-hommes co-présidé par les prix Nobel de la Paix, Nadia Murad et Denis Mukwegue, qui avait pour mission d'identifier les meilleures lois du monde pour l'égalité femmes-hommes et les lois à abolir pour protéger les femmes partout dans le monde. La pénalisation des mutilations génitales fut plébiscitée.

En effet, l'infibulation (utilisation d'agrafes) ou l'excision (ablation totale ou partielle du clitoris) relèvent notamment d'une idéologie misogyne hostile au plaisir des femmes et effrayé par la puissance que cela leur confère. Ces pratiques néfastes ont de nombreux effets secondaires terribles comme la descente d'organes ou l'incontinence totale, voire le décès en couches. L'excision est interdite en France formellement depuis la loi de 2006 et a donné lieu en 2019 à un plan national pour éradiquer les mutilations génitales féminines.

L'intégralité des mesures est consultable sur ce lien :

https://www.gouvernement.fr/sites/default/files/contenu/piece-jointe/2019/06/mutilations_sexuelles_feminines_2019_plan_national_3.pdf

Code pénal, art. 222-1

La torture ou les actes de barbarie sont punis de quinze ans de réclusion criminelle. L'article 222-3 du Code pénal prévoit une peine de vingt ans de réclusion criminelle s'ils sont commis sur un mineur de quinze ans. La peine encourue est portée à trente ans de réclusion criminelle par le même article lorsque l'infraction est commise sur un mineur de quinze ans par un ascendant légitime, naturel ou adoptif ou par toute autre personne ayant autorité sur le mineur.

L'auteur de tentative de ces crimes est toujours puni de la même peine que l'auteur de l'infraction.

Code pénal, art. 222-7

Les violences ayant entraîné la mort sans intention de la donner sont punies de quinze ans de réclusion criminelle. L'article 222-8 du code pénal aggrave la peine à vingt ans de réclusion criminelle lorsqu'elle concerne un mineur de quinze ans. Le même article impose une peine de trente ans de réclusion criminelle si elle est commise par un ascendant ou toute personne ayant autorité sur ce mineur.

Code pénal, art. 222-9

Les violences ayant entraîné une mutilation ou une infirmité permanente sont punies de dix ans d'emprisonnement et de 150000 euros d'amende. L'article 222-10 du code pénal aggrave la peine à quinze ans de réclusion criminelle si la mutilation est commise sur un mineur de moins de quinze ans. Le même article prévoit que la peine encourue est portée à vingt ans de réclusion criminelle lorsque l'infraction est commise sur un mineur de quinze ans par un ascendant légitime, naturel ou adoptif ou par toute autre personne ayant autorité sur le mineur.

➤ Les mutilations génitales sont interdites en France et sont interdites sur des citoyennes françaises à l'étranger au regard du principe d'extra-territorialité. Depuis 1983, la mutilation sexuelle est un crime

(Cour de cassation) et l'ablation du clitoris (excision) est reconnue comme une mutilation au regard du code pénal français.

Code pénal, art. 222-16-2

Dans le cas où les crimes et délits prévus par les articles 222-8, 222-10 ou 222-12 sont commis à l'étranger sur une victime mineure résidant habituellement sur le territoire français, la loi française est applicable par dérogation aux dispositions de l'article 113-7. S'il s'agit d'un délit, les dispositions de la seconde phrase de l'article 113-8 ne sont pas applicables.

La fédération GAMS qui lutte contre ces pratiques, rappelle dans sa plaquette trois dispositions légales importantes pour lutter contre les mutilations génitales :

1) L'article 16 du code civil dispose que « la loi assure la primauté de la personne, interdit toute atteinte à la dignité de celle-ci et garantit le respect de l'être humain dès le commencement de sa vie ».

2) L'article 16-1 du code civil précise quant à lui que « chacun a le droit au respect de son corps » qui est « inviolable ».

3) L'article 16-3 du code civil dispose qu'« il ne peut être porté atteinte à l'intégrité du corps humain qu'en cas de nécessité médicale pour la personne ou à titre exceptionnel dans l'intérêt thérapeutique d'autrui ».

➤ La loi n° 2007-1631 du 20 novembre 2007 relative à la maîtrise de l'immigration, à l'intégration et à l'asile étend les dispositions prévues s'agissant de la protection des conjoints victimes de violences au sein du couple (par exemple, protection pour les conjoints de Français titulaires d'une carte de séjour temporaire « vie privée et familiale » et victimes de violences au sein du couple, qui ne se voient plus retirer leur titre de séjour, que la rupture de la vie commune soit prise à l'initiative de la victime ou de l'auteur).

➤ Cinq ans de prison et 75 000 euros d'amende pour quiconque tente de faire pression sur une mineure dans le but d'exercer une mutilation génitale même lorsque celle-ci n'a pas abouti.

➢ Le président de la République a annoncé son intention de pénaliser les certificats de virginité dans le cadre de la loi contre les séparatismes.

Focus sur la prise en charge des auteurs de violences conjugales

Le droit de faire prendre en charge un auteur de violences

Depuis peu, la France entame un changement de paradigme dans la lignée du Grenelle des violences conjugales pour mieux prendre en charge les auteurs de violences. Prendre en charge un homme violent, c'est limiter la récidive et donc, protéger les femmes. La création par le procureur Luc Frémiot d'un centre de prise en charge a permis de faire diminuer la récidive des auteurs de violences conjugales. Cette prise en charge existe comme peine prononcée par le juge ou en pré-sentenciel.

Trois questions à Alain Legrand, président de la Fédération nationale d'accompagnement des auteurs de violences conjugales (FNACAV)

Comment prendre en charge un homme auteur de violences conjugales ? Qui appeler ? Où le loger pour l'éloigner du domicile ? Peut-il se faire prendre en charge ?

La prise en charge des auteurs de violences conjugales nécessite aujourd'hui des dispositifs permettant de répondre aux contraintes globales posées par la problématique de l'auteur de violences. Dangerosité potentielle et avérée, protection des victimes, en sont les pôles principaux.

Le fait d'être ou pas sous main de justice, sous le coup d'une éviction ou d'une séparation volontaire, la présence d'éléments psychopathologiques, d'addictions ou des conditions socio-économiques difficiles font également parties des nombreux éléments à considérer.

De ce fait, la coordination des actions et le partenariat avec les acteurs sociaux impliqués dans la problématique : champ sanitaire (addictologie, psychiatrie...), les services pénitentiaires en milieu ouvert et fermé, les services de police et de justice, le champ social couvrant l'assistance sociale et l'hébergement (avec des moyens internes ou partenariales habilités) et les acteurs régionaux et enfin, le champ psychologique et éducatif comprenant le travail de sensibilisation et de responsabilisation jusqu'aux prises en charge psycho-thérapeutiques proprement dites, sont les moyens d'une réponse efficace par une prise en charge globale permettant de répondre aux difficultés que peuvent présenter ces personnes, pour les victimes, elles-mêmes et la société.

La formation spécifique des intervenants est l'autre versant de ces exigences.

Pour une prise en charge, on peut se rendre sur le site de la FNACAV qui répertorie les coordonnées des structures intervenantes sur tout le territoire ou appeler directement le numéro de la ligne pour les auteurs de violences conjugales « Ne frappez pas », le 08 019 019 11.

L'hébergement, lorsqu'il est nécessaire et notamment dans le cadre d'une éviction du conjoint violent, sera conditionné par une prise en charge au sein d'une structure référencée. Dès lors, cette structure fera le lien avec le centre d'hébergement partenaire en lui trouvant une solution dans les plus brefs délais.

L'auteur de violence peut être pris en charge dans la plupart des cas de figures. L'entretien de départ déterminera les éventuelles orientations préalables ou conjointes si nécessaire ou refusera la prise en charge si les conditions d'acceptabilité ne sont pas réunies comme le refus de signer la charte d'engagement que ces structures proposent. Volontaires ou justiciables, tous peuvent s'inscrire dans un suivi. Les justiciables se verront proposer un parcours en adéquation avec leur suivi judiciaire.

Annexes

La grille d'évaluation du danger

Réclamée par les associations de défense des femmes victimes de violences conjugales depuis des années, la grille d'évaluation du danger émane du Grenelle des violences conjugales. Elle a été réalisée au cours d'un travail commun entre de nombreuses.eux expertes et experts comme Ernestine Ronai, conjointement avec le ministère de l'Intérieur. Cette grille de plusieurs questions permet d'outiller les forces de l'ordre au moment du dépôt de plainte de la victime de violences conjugales afin de mieux évaluer l'imminence et la gravité du danger. C'est aussi un guide de conversation utile. Il est désormais utilisé dans les commissariats et les gendarmeries.

Évaluation de la situation des victimes de violences au sein du couple

Ce questionnaire a pour objectif de mettre en évidence des signaux d'alerte afin d'évaluer la situation de danger et de proposer à la victime des solutions adaptées en matière de protection et d'accompagnement social. Il permettra également à la victime de prendre conscience du danger qu'elle encourt.

Remarque : ces questions/réponses constituent autant de signaux d'alerte qui ne doivent pas se limiter à la notion de danger actuel. Non exhaustifs, les éléments ressortant de ces questions permettront de contribuer à l'appréciation de la situation de danger.

Source : Ministère de l'Intérieur.

Quelques préconisations

– Veiller à recevoir la victime dans un lieu respectant la confidentialité dans la mesure du possible.

– Informer la victime que ce questionnaire va lui permettre d'évaluer sa situation afin de mieux l'accompagner.

– Le questionnaire sera complété par le policier ou gendarme sur les indications de la victime, après avoir ménagé, au préalable, un temps de parole (proscrire la remise du questionnaire à la victime pour qu'elle le renseigne seule, notamment lors des périodes d'attente avant une prise en charge).

– Faire preuve de pédagogie et de bienveillance afin de rassurer et déculpabiliser la victime.

Source : Ministère de l'Intérieur.

Identité	Nom : Prénom : Date et lieu de naissance : Adresse : Coordonnées téléphoniques où elle peut être contactée en sécurité *(préciser les horaires et jours si besoin)* : Mail où elle peut être contactée en sécurité :		
	QUESTIONS	**OUI**	**NON**
Informations sur la victime	Êtes-vous blessé ?		
	Craignez-vous de nouvelles violences (envers vous, vos enfants, proches, etc.) ?		
	Selon vous, votre partenaire ou ancien partenaire a-t-il eu connaissance de votre projet de séparation ? Ou êtes-vous séparés ? (cherche-t-il à connaître votre lieu de résidence ?)		
	Vous sentez-vous isolé de votre famille et/ou de vos amis ?		
	Avez-vous peur pour vous et/ou pour vos enfants ?		
	Êtes-vous déprimé ou vous sentez-vous « à bout », sans solution ?		

Source : Ministère de l'Intérieur.

Informations sur l'auteur	Votre partenaire ou ancien partenaire possède-t-il des armes à feu (déclarées ou non) ?		
	Votre partenaire ou ancien partenaire consomme-t-il de l'alcool, des drogues et/ou médicaments ?		
	Votre partenaire ou ancien partenaire a-t-il des antécédents psychiatriques ?		
	À votre connaissance, votre partenaire ou ancien partenaire a-t-il déjà blessé quelqu'un d'autre ? (notamment ancienne partenaire)		
	À votre connaissance, votre partenaire ou ancien partenaire a-t-il déjà eu des problèmes avec la justice ou la police ?		
	La police ou la gendarmerie est-elle déjà intervenue à votre domicile ?		
	Votre partenaire ou ancien partenaire a-t-il déjà tenté ou menacé de se suicider ?		

Contexte des violences	Votre partenaire ou ancien partenaire s'est-il déjà montré violent envers vous ?		
	La fréquence des violences a-t-elle augmenté récemment ? (violences verbales, physiques, sexuelles ou psychologiques)		
	Êtes-vous enceinte ou avez-vous un enfant de moins de deux ans ?		
	Votre partenaire ou ancien partenaire exerce-t-il sur vous une surveillance quotidienne, du harcèlement moral et/ou sexuel au moyen de mails, sms, appels, messages vocaux, lettres ?		
	Disposez-vous librement de votre argent, de vos documents administratifs (papiers d'identité, carte Vitale…) ?		
	A-t-il précisé de quelle manière il projetait de le faire ?		

	Votre partenaire ou ancien partenaire a-t-il déjà évoqué ou commis des actes à caractère sexuel qui vous ont mis mal à l'aise, ont heurté votre sensibilité ou vous ont blessé ?		

Les affiches 3919

À afficher dans des cages d'escaliers, ascenseurs, salles de pauses, sur des lieux de travail... pour faire connaître le numéro du 3919 et la plateforme arretonslesviolences.gouv.fr.

Source : Service d'information du gouvernement.

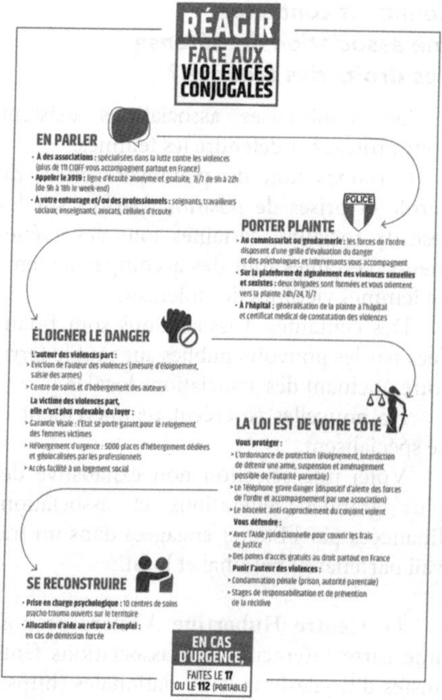

Source : Service d'information du gouvernement.

Comment contacter une association de défense des droits des femmes ?

De nombreuses associations existent pour protéger et défendre les femmes.

Certaines font du plaidoyer (prises de parole et prises de position, parfois sur les réseaux sociaux), certaines font des événements, certaines font des accompagnements de femmes victimes de violences.

Des centaines d'associations sont financées par les pouvoirs publics sur tout le territoire, incluant des associations locales.

De nouvelles se créent régulièrement et se spécialisent.

Voici une sélection non exhaustive des plus grandes fédérations et associations financées par l'État et engagées dans un travail partenarial national et local.

Le **Centre Hubertine Auclerc** propose une carte interactive des associations féministes d'Île-de-France ou nationales (https://asso-idf.hubertine.fr).

N° **119** pour signaler les cas d'enfants maltraités ou victimes de violences, soit directement soit parce qu'ils en sont les témoins.

France victimes (www.france-victimes.fr) (116006) (9 heures à 19 heures).

Association généraliste, non spécialisée mais intervenant aussi dans le champ des violences sexistes et sexuelles, la Fédération France victimes regroupe cent trente associations apportant de l'assistance aux victimes.

CLEF – Coordination pour le Lobby européen des femmes (01 55 50 45 64), 6, rue de la Rochefoucauld, 75009 Paris.

La **Fédération nationale solidarité femmes** (FNSF) 3919 (www.solidaritefemmes.org).

La FNSF agit avec les femmes pour leurs droits à la liberté, l'égalité, la préservation de leur intégrité. Elle « mène une action pour les accompagner vers la sortie des violences et l'autonomie et à faire reconnaître les violences faites aux femmes comme une des manifestations des inégalités persistantes entre les femmes et les hommes. »

La **Fédération nationale des Centres d'information sur les droits des femmes et des familles** (FNCIDFF)
(www.infofemmes.com).
Présente partout sur le territoire, la FNCIDFF s'engage via des antennes régionales et locales à accompagner les femmes et les familles dans la connaissance de leurs droits et dans leurs parcours.

Choisir la Cause des Femmes
(01 47 05 21 48).
(choisirlacausedesfemmes.org).
Association co-fondée par Gisèle Halimi.

Mouvement du Nid
8 *bis*, rue Dagobert, BP 63, 92114
Clichy cedex
(mouvementdunid.org).
Le Mouvement du Nid lutte contre la prostitution et gère notamment des parcours de sortie de la prostitution pour les femmes en partenariat avec l'État.

Le **Collectif féministe contre le viol** (CFCV) (0800 05 95 95).

(du lundi au vendredi de 10 heures à 19 heures).

(www.cfcv.asso.fr).

Le Collectif féministe contre le viol vise à lutter contre la culture du viol et à mener des actions en soutien à toutes les personnes victimes de violences et d'agressions sexuelles.

Le **Planning familial, Mouvement français pour le planning familial** (MFPF) (www.planning-familial.org) (0800 08 11 11) « Sexualités, Contraception, IVG » numéro national d'écoute et orientation (du lundi au samedi de 9 heures à 20 heures).

Avec environ quatre-vingts associations locales regroupées en fédérations régionales, le Planning familial milite historiquement pour le droit à l'éducation à la sexualité, à la contraception, à l'avortement, à l'égalité des droits entre les femmes et les hommes et combat toutes formes de violences et de discriminations.

Femmes solidaires
(www.femmes-solidaires.org).

Près de deux cents associations locales féministes et laïques sur tout le territoire sensibilisent sur les droits des femmes et les questions de rapports de domination.

La **Fédération nationale GAMS** (www.federationgams.org).

La Fédération nationale du GAMS lutte contre les violences sexistes et sexuelles et est notamment particulièrement engagée contre les mutilations génitales ou les mariages précoces et « pratiques néfastes », spécialement auprès des populations immigrées.

Remerciements

Merci à toutes les personnes qui ont fait progresser les droits des femmes ces dernières années et à celles qui ont fait progresser leur connaissance, féministes, ministres, parlementaires, associations, avocat/es, journalistes, partenaires, artistes…

Merci aux personnes, expertes et experts qui ont permis de concevoir des outils efficaces pour leur accompagnement, à tous les spécialistes des droits des femmes qui ont contribué à ce livre d'une manière ou d'une autre — avec un clin d'œil particulier pour les membres de mes cabinets à l'Égalité femmes hommes puis à la Citoyenneté pour tout le travail accompli.

Merci aux représentants du ministère de l'Intérieur dont la parole est rare, spécialement les directeurs généraux de la police nationale et de la gendarmerie nationale, à Amandine Pasquier pour ses conseils, à Olivier Duhamel pour sa confiance, à Catherine Faivre pour son travail, aux membres des groupes de travail du Grenelle des violences conjugales dont le travail est souvent cité ici, à Édouard Philippe, et bien sûr au président Emmanuel Macron pour avoir fait de l'égalité femmes-hommes la Grande cause de son quinquennat.

Merci à toutes les femmes qui ont vécu des violences conjugales et ont eu le courage de faire part de leur expérience pour que nous puissions améliorer la loi, aux familles et aux proches des victimes.

Aux survivantes de viols, de violences conjugales, et de violences sexistes et sexuelles. À celles et ceux qui les soutiennent.

collection ***À savoir***

La Constitution européenne, O. Duhamel
Codes noirs, C. Taubira, avec A. Castaldo
Homosexuels. Quels droits ?, J. Lang, D. Borrillo
Les droits des enfants, S. Royal
Locutions latines juridiques, collectif
Lois et mœurs du rugby, F. Galthié, J. Lacouture
Les discriminations positives, J. Bougrab
L'abolition de la peine de mort, R. Badinter
Le Coran tolérant, D. Boubakeur
Un traité pour l'Europe, N. Sarkozy
Le nouveau Code du travail, A. Lyon-Caen, A. Fabre
Le président des États-Unis, C. Ockrent, avec B. Perreau
Obama, petite encyclopédie, M. Kravetz
Les constitutions de la France, de la Révolution à la IVe République, F. Mélin-Soucramanien
Pour la planète, D. Cohn-Bendit, avec É. Gaudot
Paroles de philosophes, L. Ferry
Obama président, petite encyclopédie, M. Kravetz
La révolution numérique, É. Scherer
50 droits des ados, M. Hirsch, avec I. Djordjevic
Les interdits religieux, C. Fourest, F. Venner
Le football. Les lois d'un jeu, L. Vallée
Les mots de de Gaulle, D. Tillinac
Les grandes démocraties, F. Mélin-Soucramanien
Petit dictionnaire de la fraude fiscale, M.-P. Prat, C. Janvier
Bioéthique, D. Borrillo
Paroles de présidents, 2e éd., J. Lacouture
Guerre d'Algérie, droit et non-droit, A. Heymann-Doat
SNCF, les droits des voyageurs, M. Debrincat, F. Regniault
Les droits des malades, C. Kouchner, avec A. Delhaye
Les droits des profs, M. Debène
L'euro, J.-P. Vesperini

Gens du Voyage, M. Bordigoni
L'héritage, C. Pisani
Les langues de France, A. Filippetti
La condition militaire, J.-Ph. Wirth
La charia, N. Bernard-Maugiron, J.-Ph. Bras
La prostitution, J. Mossuz-Lavau
QPC, la question prioritaire de constitutionnalité, 2e éd., G. Carcassonne, O. Duhamel, avec A. Duffy
Adages et maximes du droit français, 2e éd., J. Hilaire
Erreurs judiciaires, D. Salas
50 droits contre l'exclusion, 2e éd., Ansa, avec Droits d'Urgence
La liberté d'expression, G. Muhlmann, avec E. Decaux et É. Zoller
La Légion d'honneur, J.-L. Georgelin
Le handicap, B. Lavau
L'état d'urgence, K. Roudier, A. Geslin, D.-A. Camous
Les mots de Mitterrand, A. Bergounioux
Les élections présidentielles, 2e éd., M. Ballet, O. Duhamel
Les grandes dates de la République, C. Prochasson
Le droit d'asile, M. Denis-Linton
La torture, S. Portelli
50 libertés et droits fondamentaux, 2e éd., A. Heymann-Doat
Les grands principes du droit du travail, Comité présidé par R. Badinter
Le mariage pour tous, A. Le Bras-Chopard
Les grands articles du code civil, 3e éd., A. Bénabent, D. Mazeaud
Les mots-clés du droit constitutionnel, B. François
Les grandes dates de la Ve République, 2e éd., R. Ghevontian
La Constitution et ses grands articles commentés, J. Benetti, O. Duhamel
Terrorismes, 2e éd., A. Bauer, C. Soullez
L'homoparentalité, S. Portelli, C. Richard

Psychiatrie : l'hospitalisation contrainte, A. Hazan, S. Hatry
Le nouveau droit des contrats et des obligations, 2e éd., F. Chénedé
Les mots du golf, C. Vallée
La Déclaration universelle des droits de l'Homme, 2e éd., S. Hennette-Vauchez
Les mots-clés du droit administratif, B. Stirn
Les droits de l'animal, 2e éd., J.-C. Nouët, J.-M. Coulon
Contre le racisme et l'antisémitisme, F. Mélin-Soucramanien, F. Potier
Les mots-clés de la citoyenneté, M. Miaille
Le droit des femmes, 2e éd., É. Pisier, S. Brimo
Police. Pouvoirs et devoirs, 2e éd., J. Buisson
La Convention européenne des droits de l'Homme, 4e éd., F. Moderne
Code du cycliste, L. Duprey
Bureau de vote : mode d'emploi, J.-P. Camby
Les mots de Macron, 2e éd., O. Duhamel
La protection des données personnelles, C. Féral-Schuhl
Étrangers. Quels droits ?, 2e éd., Gisti
Le droit et les Juifs, 2e éd., D. Lochak
Les mots-clés du droit des affaires, B. Mercadal
La GPA, C. Mecary
Les droits de la défense, J. Danet
La justice et les enfants, 2e éd., J.-P. Rosenczveig
La parole est à l'avocat, 4e éd., O. Duhamel, J. Veil
L'art de la parole, 2e éd., C. Delhay
Les grands articles du code pénal, 4e éd., Y. Mayaud
Les mots du coronavirus, O. Duhamel, L. Bigorgne
Constitution de la République française, 2021, F. Mélin-Soucramanien
La laïcité, 4e éd., M. Miaille
► *Les droits des femmes face aux violences*, M. Schiappa

720069 - (I) - OSB 60 gr - CMB - (HCH)

Achevé d'imprimer en octobre 2020
sur les presses de l'imprimerie Chirat
42540 Saint-Just-la-Pendue
Dépôt légal novembre 2020 - N° 202010.0130

PEFC™ 10-31-1895

Imprimé en France

pca
cmb
édition pré-presse
livres numériques

44400 Rezé